경전 한 잎, 바람 한 칸

백년어서원

들어가는 말

경외, 그 수심守心과 수심修心을 위하여

질경이가 핀다. 질경이가 경전이다. 길고양이를 만났다. 길고양이가 경전이다. 가난한 동무와 마주친다. 그이가 경전이다. 햇살과 바람이 경전이고 지평선도 수평선도 경전이다. 경전 읽는 모임을 시작한지 3년. 몇 권 접하지 못했지만 작은 깨달음이 생겼다. 모든 경전이 지향하는 곳, 그 목적지가 자비라는 것이다. 성경과 금강경, 중론, 유마경, 바가바드 기타, 카발라, 기독교 영성에 관한 책 그리고 우리 민족 사상인 풍류도 일별했지만 그 길은 하나였다. 생명 윤리라는 오솔길. 사랑도 자비도 연민도 그 길에 피어나는 꽃이었다.

존재에 대한 연민은 결국은 공감하는 능력에서 비롯한다. 끊임없는 공부와 실천은 결국 교감하려는 노력이다. 교감을 위해서는 영성이 중요하고, 영성 진화에는 마음을 지키는 일[守心]과 마음을 닦는 일[修心]이 우선이다. 인간과 세계, 시간과 공간, 영원성과 자유의 문제들에 관해 가장 깊이 연구하고, 수심守心과 수심修心을 보여주는 것이 경전이다. 모든 경전은 종교철학 이전에, 생명이라는 강렬한 윤리를 가지고 우리에게 질문하고 답한다. 그래서 어떤 경전이라도 인류에게는 위대한 스승이다. 또한 진정한 생명 지표가 된다.

전 지구적 위기에 갇힌 우리에게 종교성은 가장 근원적인 구원이 아닐까. 종교 없이 도덕을 세우려고 시도하는 것은 마치 뿌리 없이 식물을 옮겨 심는 것과 같다고 하지 않는가. 인간은 결국 종교적 존재이다. 우리 안에 있는 영성, 제의성을 회복하는 것이 유일한 미래이다. 하지만 신자유주의와 함께 왜곡된 종교는 인간을 억압하면서 물질적으로 기능적으로만 작동하고 있다. 종교성이 무너지고 있는 현실은 더없이 비극적이다. 가치가 왜곡되고 편견에 치우친 채 생명의 가능성은 모두 도구화되었다. 그럴지라도 우리 안에 내재된 초월을 어떻게 경험할 것인가의 문제는 존재를 향한 가장 본래적인 방편일 것이다.

종교의 편견은 독소이다. 선입견을 가지면 진짜 중요한 것은 못 본다. 사유한다는 말은 경외와 경이를 이해해야 한다는 말과 같다. 경외와 경이를 아는 사람은 결코 인간

중심주의가 될 수 없다. 우주 안을 떠도는 모든 티끌임을 어렴풋하게나마 감지한다면 생명과 지혜는 무한해진다. 우리 안의 신비를 깨닫는다는 건 정보의 혼란 속에서 얼마나 깊고 절실한 요청인가.

백년어서원에서 '경전 읽는 모임'을 시작하면서 성경만도 거의 20개월에 걸쳐 읽었지만, 탐구 수준에는 못 미쳤다. 다른 경전들도 하나같이 방대해 우리의 독서는 거의 일별에 불과하다. 하지만 이 에세이들을 묶는 이유는 짧은 학습이지만 정리할 필요를 느껴서이다. 또한 종교가 이데올로기화된 현실에서 다시 아름다운 경전들을 바탕으로 삼고 싶은 심정적인 믿음에서이다. 크지 못하지만 우리들 각자 나름의 중요한 지표들을 발견했다. 뿌리 없는 식물은 가짜이듯, 종교가 없는 윤리는 공허하다는 것이다.

세상에 펼쳐진 모든 경전은 얼마나 위대한 선물인가. 어떤 고전보다도 아름답고 깊다. 아마 영혼을 향한 간절함이 넘치는 까닭이리라. 텅 비었으면서도 충만하고, 덧없으면서도 알차고 시간의 능선을 겸허하게 걷는 법. 그 견딤. 경전은 돌틈을 기어가는 달팽이를 배우는 일이었다. 생명의 최전선을 걷는 일 또한 거대한 경전이다. 경외와 경이를 향한, 수심守心과 수심修心의 결을 타고 우리들의 작은 감수성이 누군가를 향해 따뜻한 파동으로 흘러가길 기도한다.

                        2024년 여름 백년어서원 김수우 두손

차례

들어가는 말
002 경외, 그 수심守心과 수심修心을 위하여

김수우
011 그리스도인으로서 보살계를 받은 까닭은
025 우리는 원복의 존재입니다
043 결과에 연연하지 않는 삶
057 유마거사의 사랑법

이수경
075 경전의 불꽃
085 공동 이익을 위하여
097 진리의 보편성과 차이들의 횡단

임영매
121 여인들이 있었다
131 이방인은 어디에나

진미현

139 내 안의 경전을 만나러 가다
151 지혜를 따라가면

황미정

165 나를 깨워 세상과 소통하는 경전 읽기
179 인류는 아인 소프(Ain, Sop-神)를 향하고 있다

황선화

191 성경을 읽는다
199 어디에 있느냐
211 나는 왜 기독교인이 되지 못했을까

우리가 읽은 경전

경전 제목	저자	출판사
성경(신약)	공동	대한성서공회(공동번역)
중론송	나가르주나, (황산덕 옮김)	서문당
바가바드 기타	길희성 옮김	동연
유마경	구마라즙 한역, 권서용 옮김	메타노이아
카발라와 생명나무	김창호	예랑
금강경 강의	백종성	어의운하

참고한 책

	저자	출판사
핑크 리더십	구미정	생각의나무
폭력과 성스러움	르네 지라르, 김진석, 박무호 옮김	민음사
보살예수	길희성	현암사
사도바울	알랭 바디우, 현성환 옮김	새물결
나를 만지지 마라	장-뤽 낭시, 이만형, 정과리 옮김	문학과지성사
풍류도와 예술신학	유동식	한들출판사
원복	매튜 폭스	분도출판사
입보리행론	산띠데바(달라이라마)	담앤북스
세상에 조연은 없다	박종기	한국학술정보
재신론	리처드 카니	갈무리
금강경읽기	이 아무개목사	호미
생명사관	이찬구	지상사
유일신론의 종말, 이제는 범재신론이다	이찬수	동연출판사
왜×의 신학인가?	박동환	사월의 책

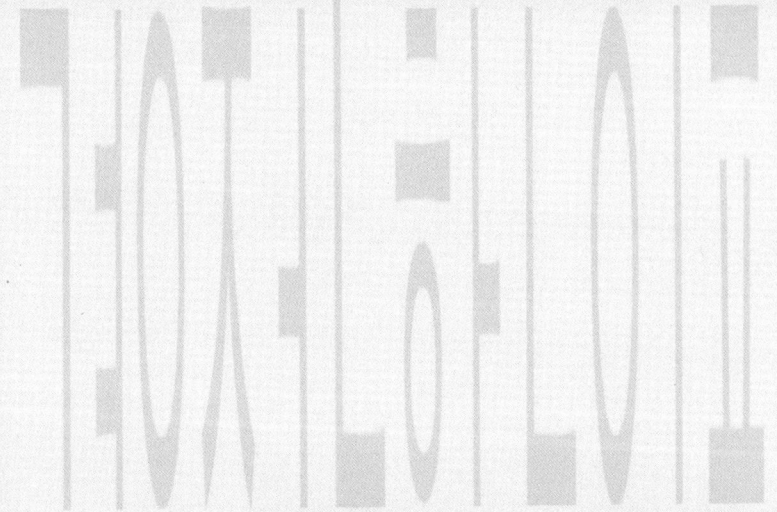

김수우

그리스도인으로서 보살계를 받은 까닭은
—『입보리행론』의 그늘에서

지극함을 기억하다

베란다에 방치되었던 낡은 화분에서 잎눈이 돋았다. 그 깨알 같은 초록의 지극함. 흙의 가슴과 뿌리의 간절함이 끌어올린 저 초록눈. 사소한 일상은 그러한 신비로 구성되어 있다. 지극한 상태는 어떤 것일까. 지극함은 가장 낮은 순간의 가장 낮은 자세가 아닐까. 황량한 고원을 딛는 주름살 깊은 티벳 할머니의 오체투지처럼 말이다. 가장 낮은 이마와 가장 절실한 무릎에서 피어나는 꽃.

마음이 혼란할 때마다 떠오르는 풍경이 몇 있다. 제일 먼저 서부아프리카의 항구도시 누아디부에서 만난 장면이다. 열심히 모래를 푸던 공사장 모슬렘 인부가 일순 삽을 놓고 몇 걸음 물러나 기도를 시작한다. 또 하나, 세상에서 제일 높다는 파키스탄 카라코람 하이웨이를 달리면서, 어느 고원 기슭에 잠시 버스가 멈추었을 때 차에서 내린 한 사람이 저만치 모퉁이를 찾아 무릎 꿇고 기도하는 모습. 그때 그 기도는 종교적 관행이 아니라, 어떤 경외였다.

척박한 곳에 태어나면 인간이 제일 먼저 무엇을 배우게 될까. 내겐 오래된 질문이었는데, 거기서 깨달았다. 그것은 지극함, 곧 신을 경외하는 법이다. 인도를 여행하던 중 이슬람 사원을 자주 찾았는데, 수염이 긴 노인이 성전 한 모서리에서 작은 햇살에 기대어 코란을 읽는 모습은 언제나 내게 삶의 숭엄함을 회복시킨다. 또한 중국 카슈카르의 일요시장에서 냉차를 파는 소년이 수레 밑으로 책을 읽던 모습도 마찬가지다. 그런가하면 흰 달빛으로 눈길을 밟고 새벽기도를 가던 시어머니의 발걸음도 있다. 하나같이 삶의 지극한 풍경들이다.

내게 주어진 생의 틈들. 그 안에서 이러한 지극한 자세를 명상하는 것은 내 삶을 항상 겸허하고 청빈하게 만드는 힘이 있다. 나이가 들면서 내게 스민 의문은 '이 지극함은 무엇을 위한' 것일까였다. 지극함은 어디서 오는 것이며, 어디에 닿아 있는 걸까. 무엇에 지극해야 하며, 어떻게 지극해야 하는 걸까. 이렇게 지극함의 방향성이 궁금해졌을 때 경전 읽기를 시작했다. 이젠 결국 모든 지극함이 관계의 문제에 닿아있음을 이해한다. 지극하다는 것은 자신을 가장 극진한 곳, 거미줄의 한 교차로에 내려놓은 일이다. 간절하면 지극해진다.

중요한 건 방향이 관계를 만든다는 것이다. 나는 어디로 가고 있는 걸까. 신과의 관계, 자연과의 관계, 타자와의 관계, 자신과의 관계가 지극해야 하는 것이다. 거기서 동식물을 비롯한 무기물까지 연결된다. 어떻게 지극해야 하는가. 극진하다는 것은 정성을 다하는 자세를 말한다. 온갖 힘을 다하려는 참되고 성실한 마음, 정성은 하심下心에서 비롯된다. 마음을 바닥으로 낮추는 일이 바로 지극함이 아닐까. 지극함은 오래 기다리는 일이기도 하다. 至誠感天지성감천이나 盡人事待天命진인사대천명은 하늘을 움직이는 기다림과 지극의 힘을 보여준다. 그 지극함에서 보리심菩提心이 싹튼다.

지극함, 하면 어머니라는 존재를 떠올린다. 어머니는 생명을 낳고 기르는 지극함 그 자체이다. 티벳 불교에서 만난 칠종인과법은 어머니를 관계의 핵심, 지극함의 핵심으로 이해하는 것이었다. 어머니는 아마도 우주 속에 있는 가장 큰 지극함이며 보리심일 것이다. 보리심은 타자를 위해, 깨달음의 경지를 지향하는 태도를 말한다. 어머니는 보리심을 위한 칠종인과법의 뿌리였다. 이 칠종인과를 인지한 것은 이 시대의 스승 달라이라마의 친견 법문에서였다. 다람살라에서 달라이라마의 『입보리행론』 열린 법문이 있다는 소식에, 기독교인이지만 친견이 영광이다 싶어 모든 조건을 감행해서 다람살라에 도착했다. 7세기 인도 불교학자 샨띠데바가 저술한 이 책에 대해 달라이라마는 "보리심에 대해 설한 것 중 이보다 더 뛰어난 논서는 없다."고 말했다. 그만큼 『입보리행론』은 수많은 불교 논서 가운데서도 보리심에 대해 소상하게 논하고 있다. 달라이라마는 한 마디로 동네 할아버지처럼 소탈한 어른이었다. 관음보살의 화신이라는 부연이 굳이 필요 없는 인자하고 자유로운 표정 앞에서 '지극'을 배웠다.

티베트 불교는 보리심이 모든 수행의 동기이다. 성불 자체가 목적이 아니라 일체 중생을 해탈로 이끄는 것을 중요하게 여긴다. "항상 이타를 기억하라". 하루 여덟 시간, 닷새 내내 달라이라마가 강조한 지혜는 이타심이었다. 이

타야말로 자타 모두를 위한 궁극적인 지혜라는 것이다. 달라이라마 앞에 모인 사람들은 이 세상 마지막 장소에 핀 꽃밭 같았다. 그 이타행을 진심으로 갖출 수 있을까. 수행방식 두 가지를 배웠다. 하나는 수많은 생을 윤회하는 동안 모든 중생이 전생에 한 번 이상은 나의 어머니였던 적이 있음을 상기하는 '七種因果'의 관찰법이고, 다른 하나는 나와 남을 바꾸어 보는 '自他相換'의 관찰법이었다. 이는 보이지 않는 것을 보는 훈련이기도 했다.

칠종인과법, 우리는 서로에게 어머니였으니

깊이는 높이를 만든다. 산은 골짜기를 지니고 있다. 바다는 섬을 만든다. 모든 존재는 수직과 수평을 흔들며 아름다운 춤을 춘다. 작은 돌멩이에게서 등구나무에게서, 새와 물고기에서 무한히 뻗어나가면 나는 변화한다. 나는, 그리고 너는, 그렇게 우리는 얼마나 광대한 존재였던가. 거기서 나만의 빛나는 사랑도, 나만의 서러운 고통과 분노도 피고지는 물방울에 불과하다. 무한히 뻗어가는 상하좌우가 없는, 빈부귀천이 없는 촘촘한 그물망. 그 아득한 공간. 거기서 나는 수십억 년을 벌어왔고, 수십 억 년 미래와 연결된다.

칠종인과법은 그 아득한 인연을 헤아리고 기억하고 예지하는 일이다. 아집과 집착에서 벗어나는 보리심을 일으키기 위해서는 모든 사람을 어머니로 인식한다. 수억 겁에 걸쳐 윤회하는 동안 모든 중생이 전생에 한 번쯤 자신의 어머니였으며 미래 그 언젠가 자신의 어머니가 될 것이라는 점을 헤아리는 것이다. 먼저 평등심을 가지고 모든 사람을 친밀한 존재인 어머니로 인식하면, 그 은혜를 떠올리게 되고, 보답하려는 마음이 생기고, 자애와 자비를 갖게 되고, 다음엔 고통을 대신하려는 마음이 생기고, 그 다음엔 행복을 기원하는 진정한 사랑이 나타난다는 것이다.

어머니는 누구일까. 그의 태를 빌어 우리는 이 별에 도착한다. 첫 울음을 터뜨리며 가장 먼저 만나는 얼굴. 그의 헌신이 없으면 성장하기 어렵다. 그래서 그 이름은 삶을 회복시켜주는 힘이 있다. 칠종인과에 대한 관찰은 제일 먼저 지모知母에서 출발한다. 뼈가 자라고 마음이 자라는 모든 순간을 데우던 그 체온을 아는 까닭에 어머니는 성장한 후에도 그리움이 된다. 그리움 자체로 우리는 종종 울컥해지지 않는가.

그리고 어머니의 은혜를 기억하고[念恩], 전생에 어머니였던 모든 중생에게 은혜를 갚겠다고 생각하고[報恩], 행복을 비는 자비심을 닦고[修慈], 모두 괴로움이 없기를 바라는 연민을 닦으며[修悲], 자비심과 연민을 더욱 강화強化시킨 다음에, 결국 최선은 내가 부처가 되어 그들을 제도하리라는 믿음에서 보리심을 발한다. 한때 어머니였던 모든 중생을 위해 보살의 삶을 선택하는 것이다.

이전의 평등심은 자아와 타자를 관觀하면서 집착, 애착, 반발을 그만두기 위한 단순한 평등심이라면, 누구나 자신의 어머니였다고 인식 후의 평등심은 더 적극적이고, 큰 심연을 만나는 일이다. 자애와 연민이라는 자비심은 보살뿐 아니라 성문과 독각에게도 있다. 그러나 성문과 독각의 자비심은 '구덩이에 빠진 외아들을 보고 비통해하는 것'에 비유된다. 보리심을 발한 보살은 '구덩이에 뛰어 들어 외아들을 건져내는 아버지'이다. 이 보리심이 결여되어 있으면, 아무리 공空의 이치에 통달한다고 해도 대승에 이르지 못한다. '보리심 없이' 모든 중생을 구하겠다는 것은 교만한 염원이라고 쫑카빠[1]는 말한다. 어머니라는 지극함이 중요하다. 지극할 때 사람의 퉁소 소리가 아닌, 땅의 퉁소 소리가 아닌, 하늘의 퉁소 소리(장자, 〈제물론〉)를 듣는 것이다.

칠종인과의 명상은 일곱 단계를 되뇌인다. '지모知母→ 염은念恩→ 보은報恩→ 수자修慈→ 수비修悲→ 강화强化→ 보리심菩提心'을 명상한다. 중생이 행복하고 고통에서 벗어나기를 바라는 무량한 자애와 연민(사무량심)은 성문과 독각에게도 있지만, 일체 중생의 고통을 없애고자 행동하는 결단은 대승이 아니고는 어렵다. 여기엔 용기가 절대적이다. 단순한 연민과 자기 자신이 진심으로 고통을 짊어져야겠다는 마음의 차이를 분별해야 한다. 이 마음이 자타상환법으로 나아갈 수 있음이다.

자타상환법, 주고받기 수행

어느 누구도 고통을 원하지 않는다. 하지만 고통의 원

---

[1] 쫑까빠(1357~1419): 티베트의 위대한 스승. 겔룩파의 창시자이며, 불교논리학에서부터 반야, 중관, 밀교에 이르기까지 많은 저술을 남겼다.

인과 결과를 모르기 때문에 인간은 행복이 간절한데도 원치 않는 불행을 겪는다. 그 원인을 알지 못하는 어리석음, 이 무명 때문에 아집에 갇힌다. 무명을 벗어나고 깨달음을 구하는 보리심은 동시에 최고의 이타심을 성취하려는 노력이다. 자타상환법은 자신과 마찬가지로 다른 중생 역시 행복을 원하고 고통을 피하고 싶어함을 숙지하는 일이다. 거기에서 타자성이 발현하기 시작한다.

티베트 불교 특유의 자비명상으로 똥렌(Tonglen, '주고받기'를 관상하기)이 있다. 고통 중에 있는 사람을 눈앞에 시각화한 다음, 풍요로운 나의 공덕을 날숨에 실어 보내고 타인의 고통을 들숨을 통해 들이키는 명상법이다. 이를 통해 나와 너라는 분별을 없애고 보리심을 키운다. '자신을 타인으로 삼고, 타인을 자신으로 삼는' 이 수행이 실제로 타인의 업을 대신 받는 것은 아니다. 이는 단순히 타인의 입장이 되어보는 것이 아니라, 자신만 챙기던 마음을, 자신을 버리고 타인을 위하는 마음으로 바꾸는 수행이다. 이를 위해 먼저 자신과 타인이 바뀔 수 있는 이치를 생각해야 한다. 자리에 따라 이 산이 저 산이 되고, 저 산이 이 산이 되는 것처럼 말이다. 이 분별성 극복은 원효가

『대승기신론 소』에서 강조하는 '하나된 마음자리'이기도 하다. 자타상환법은 칠종인과법을 포괄하는 더욱 심오하고 광대하며 궁극적이다.

관상이란 이미지로 뚜렷하게 보는 것을 말한다. 똥렌은 자애심을 바탕으로 한 '주기'와 연민을 바탕으로 한 '받음', 곧 주고받기수행의 기본이다. 남의 고통을 받아들이지 않으면서 사랑한다고 말할 수 있겠는가. 똥렌의 목적은 보리심 함양인데, 이는 타자를 향한 용기와 결단에 핵심이 있다. 관상 순서를 더 들여다보면 불지옥의 뜨거운 고통을 받아들여서 자신 안에 있는 이기심의 통에 뜨겁게 흡수하는 것을 관상한다. 순서대로 얼음지옥·아귀·축생·수라 등 모든 중생의 고통과 업을 본인이 받음으로써, 중생의 고통과 업장이 소멸되었음을 관상한다. 말로만이 아니라 타인의 번뇌가 자신에게 실제로 수용되는 것을 느끼는 게 중요하다.

그 다음은 타인에게 필요한 대상으로 자신을 변화시키는 것이다. 자신이 시원한 소나기로 변해서 불지옥의 고통을 없앤다고 관상하고, 얼음지옥에서는 자신이 햇빛으로 변하고, 아귀들에게는 먹을 것과 마실 것 등으로 변화하는 자신을 관상한다. 축생들에게는 법을 구별할 수 있는 지혜로, 아수라들에게는 인욕의 옷으로 변하고, 그 외에도 거울·악기·옷이나 진귀한 과일 등 중생들이 필요로 하는 모든 것들로 변하는 관상은 궁극적인 수행이다. 타인을 대상화시키는 것이 아니라, 타인이 되어버리는, 그러한 '-되기'의 훈련은 우리의 생명을 훨씬 광활한 관계로 성숙시킨다. 자리이타自利利他를 향한 이 수행의 '주고받음'은 얼마나 깊고 아름다운 방편인가.

만약 이 수행에 거부감이 든다면 자신의 것부터 시작하면 된다. 오후에 받을 고통을 미리 아침에 관상하고, 내일 받는 고통을 오늘 미리 관상하고, 내일, 내년, 다음 생에 받을 고통을 미리 관상한다. 다음엔 부모나 가까운 이들에서부터 먼 사람들의 고통으로까지 확장시켜 본다. 이것이 잘 되면 일체중생에 이르기까지 차례대로 확장시켜 관상한다. 동식물 등도 다양하게 관상해서 그 고통을 품는, 이러한 관상을 통해 큰 공덕을 쌓게 되는데 익숙해지면 남의 고통을 직접 받아들일 수 있는 실천이 가능하다.

똥렌보다는 얕을지 모르지만 이미 '역지사지易地思之'라는 지혜를 우리는 가지고 있다. 『맹자』에 나오는 지혜로 처지를 서로 바꾸어 헤아림을 말한다. 역지사지는 공자의 서恕와 뜻이 닿는다. 자공이 스승 공자에게 물었다. "죽을 때까지 행해야 할 덕목이 있습니까." "그것은 서恕이다. 자기가 하기 싫은 일은 남에게도 행하지 마라(己所不欲 勿施於人)." 이는 "남에게 대접받고자 하는 대로 너희도 남을 대접하라"는 예수의 당부와도 연결된다. 마음을 닦는다는 것은 얼마나 간절한 타자성이 작동하는 것일까.

칠종인과법과 자타상환법, 그것이 다람살라에서 배운 인연의 방정식이었다. 이를 반복적으로 사유함으로써 보리심에 익숙해질 수 있을까. 보리심이 일어난 후에야 비로소 진정한 '보살의 삶'이 가능하다. 그 앞에서 다시 질문해본다. 본래적인 '나'는 존재하는가? 내가 있다면 어떤 방식으로 존재하는가? 외부의 현상들이 어떤 진면목을 가지고 있는가? 세계는 보이는 대로 존재하는가? 행복을 원하는데도 왜 원치 않는 불행을 겪는가? 왜 사람을 믿지 못하고 보험만 믿는가? 칠종인과법과 자타상환법은 이러한 질문들에 대한 답이 된다. 이타란 타자성 회복의 삶이다. 달라이라마는 첨단의 문명 속에서 가진 것들로 인해 생긴 분별심과 의심, 두려움 등 수많은 정신적 불행을 극복하는 지혜로 이타심을 강조했다. 물질이 최고 가치가 된 21세기 미래에서 이타는 더 절실한 지혜이다.

내가 행한 이타는 타인이 아니라 나를 이롭게 한다. 또한 이타심은 모든 어려운 것을 견디게 하는 보리심의 바탕이 되며, 멀게는 무한 공덕을 쌓는 일체지의 근본이 된다. 따라서 나쁜 상황이 올 때도 그것을 수행의 길로 삼고, 불행한 상황이 와도 긍정의 바탕으로 삼아야 한다. 이타는 결국 마음을 제어하는 힘이라는 것이다. 그 지극함으로 마음을 제어하지 않으면 현재 인류가 당면한 모든 위기는 근본적으로 해결이 불가능하다.

우리는 화엄을 꿈꾼다. 오늘도 관계의 거미줄을 짜는 중이다. 그 인드라망을 이해했기에 달라이라마로부터 그리스도인으로서 보살계를 받았다. 보살의 삶은 예수의 삶과 다르지 않았다. 히말라야의 장관이 이어진 다람살라 산동네는 그렇게 새로운 고향이 되었다. 티벳의 대표적인 고승 랑리 탕빠[2]가 지은 '마음 다스리는 글'을 따라 읽는다.

---

2) 랑리탕빠(1054~1123): 까담파의 고승으로 랑땅 사원의 창립자.

다른 사람과 함께 있을 때
나를 가장 낮은 사람으로 여기고
마음 깊이
다른 사람을 윗사람으로 받들게 하소서.//(…)

내가 도움을 주었거나
큰 기대를 걸었던 사람이
몹시 나를 고통스럽게 해도
변함없이 그를 존경하는 스승으로 여기게 하소서.

요약하면 이익과 기쁨은
직간접으로 내 어머니였던 모든 중생께 드리며
내 어머니의 모든 상처와 고통은
은밀히 내가 떠맡게 하소서.

이러한 모든 행이 세속 팔풍(世俗八風)3)에 물들어
더럽혀지지 않게 하시고
모든 것이 환영임을 깨달아
애착 없이 윤회의 굴레에서 벗어나게 하소서.

---

3) 행복을 방해하는 일상의 8가지 불행의 씨앗. 물질의 소유로 인한 기쁨. 소유한 물질을 잃어버림으로 인한 실망과 분노. 칭찬과 인정으로 인한 기쁨. 비판과 비난을 받을 때의 분노. 좋은 평판과 명예를 갖을 때 느끼는 기쁨. 나쁜 평판과 굴욕을 갖을 때 느끼는 좌절. 오감으로 느끼는 감각적 쾌락으로 인한 기쁜 감정. 8) 오감으로 느끼는 불쾌한 감정으로 인한 분노와 좌절.

우리는 원복의 존재입니다
―매튜 폭스의 『원복』[1]을 읽고

우주적 감성을 향하여

'원복'이란 단어를 처음 부딪쳤을 때의 아찔함을 기억한다. 낡은 책상 맨 아랫칸 서랍 깊은 데서 발견한 새 연필 같았고, 몇 십 년 만에 수신한 누군가의 옛 편지 같았고, 푸른 갈기를 가진 들바람 같았다. 오십여 년 신앙생활에서 끊임없는 정죄감에 빠져있을 무렵이었다. 교회에서 당부하는 것은 많고, 잘 해내지 못하면 그대로 죄책감에 시달려 매일 같은 회개를 반복하는 날들이었다. 죄책감은 창조자의 선물을 받는 데 실패하게 만들었다. 예수를 영적 스승으로 삼고 사랑해온 나는 이 무거움 또한 계속 기

---

[1] 매튜 폭스, 황종렬 옮김. 『原福(Original Blessing)』, 분도출판사. 2001.

도할 수밖에 없었다.

그러다가 마이스터 엑크하르트를 만났고 매튜 폭스를 만났다. 『원복』은 기도의 응답이었고, 이 책을 읽고서야 '원죄 이데올로기'에 갇혀 있는 나를 깨달았다. 비로소 나의 영혼은 자유로워지기 시작했고, 다시 신앙을 회복할 수 있었다. '원복'이라는 개념을 이해하면서 기독교인으로서의 너그러움과 희망을 다시 품었다. 그리스도의 삶을 닮고자하는 일상에도 조금 당당해졌다. 『원복』에서 폭스는 창조영성을 다루면서 '거룩함이 살아 숨쉬는 종교'로 되돌아갈 것을 촉구하지 않았는가. 나는 기꺼이 그 길을 따라나섰다.

가장 큰 기쁨은 예수가 원복의 존재임을 발견한 것이었다. 하나님이 창조한 것은 인간과 세상을 위한 '원복'이며, 하나님의 형상으로서 예수의 삶은 그 자체로 우주 전체에 대한 이해였다. "축복은 모든 향상을 위한 영혼의 능력이다."(에크하르트)라는 말이 더 깊고 아름답게 다가왔다. 이 능력은 지혜로 연결되어 무수한 나눔을 형성한다. 인류 전체의 경험과 그 안의 신성을 이해하면서 예수가 왜 구원인지도 선명해졌다.

그 즈음에서 예수가 이미 이전 문명이 가지고 있던 가부장적인 시스템을 깨고 있음을 감지한 것도 새로운 경이였다. 또 예수가 남자의 아들이 아니라, 여자의 아들임을 다시 이해한 것이다. "그의 태중에 있는 아이는 성령으로 말미암은 것이다."(마 1:20)라는 건 예수가 아버지의 아들이 아니고 여자의 아들임을 증거한다. 늘 읽던 수태고지 구절이었지만, 이는 새롭고 중요한 깨달음이었고, 생태적이고 생명적인 사건이었다.

17세기 멕시코의 수녀였던 소르 후아나[2]는 성가정의 요셉을 중성이라고 칭송했는데, 그녀는 아들의 아버지가 아닌 요셉을 가부장적 질서에서 벗어난[3] 기존 질서로부터의 해방자라는 것이다. 하지만 오늘날 교회의 시스템은 매우 가부장적이다. 그렇지 않는 실천적인 교회가 몇몇 있지만 매우 소수이다. 예수는 영원한 것은 내세적인 게 아니라 눈에 띄지 않는 현재임을 알리고자 이 땅에 온 게

---

[2] Juana Ines De La Cruz, 1648~1695). 멕시코의 수녀. 그는 부당한 권위와 질서에 저항하는 자유로운 영혼을, 그리고 여성으로서 인성과 신성을 연구할 수 있는 권리를 옹호하였다. 수녀 신분으로 글을 쓰며 끊임없이 진리를 추구했던 그녀는 페미니즘의 선구자적 역할을 수행했다.
[3] 카르멘 부요사. 멕시코 소설가. 2023년 AALA 컨퍼런스의 발표 〈비서구 여성작가의 목소리〉에서

아닐까. 영원은 지금 우리를 에워싸고 있다. 이 책은 기독을 이해하는 두 가지 영성을 대비하고 있다. '타락-속량' 영성과 '창조영성'이다. 예수정신은 그렇지 않은데 왜 교회는 제국주의적이며, 자본주의의 속성을 닮아 가는 걸까. 왜 돈이 축복의 잣대일까. 점차 물질화되는 기독교를 보면서 오래 궁금했다. 그건 바로 '타락-속량' 영성 때문이고, 그것이 가져온 이원론적 사고 때문이었다. 지금 기독교는 존재의 근거인 신비적·예언적 감각을 잃으면서 생기를 상실했다. 어거스틴이 형성한 타락-속량 영성 그리고 데카르트적 사유와 계몽주의가 갖는 가부장적 사고방식은 기후와 생태위기 등 오늘날의 전 지구적 절망을 낳고 말았다. 어거스틴은 고대 로마의 신학자로 초대교회 교부 중 한 사람으로, '성 어거스틴'으로도 불리는 존경스러운 종교인이었지만 이원론적인 사고에 갇혀 영성의 위기를 초래하고 만 것이다.

오늘날 지구의 미래는 개인화·원자화된 이원론을 어떻게 극복할 것인가에 달려 있다. 타락-속량 영성은 몸의 영역을 경시하고 이데아를 중시하면서 살아있는 우주론을 상실했다. 그 결과 자연과의 결속을 상실함으로써, 우리의 영혼은 움츠러들었다. 우주적 고독 속에서 인간중심의 오만은 자연 파괴를 가져오는 악에 대해 무기력해졌다. 개발 명목 아래 열대우림을 베어내고, 무수한 종들을 멸종시켰다.

원죄를 강조한 타락-속량 영성은 존재의 희열을 가르치지 않는다. 원죄는 그동안 제국주의와 가부장사회의 지배이데올로기가 되어왔다. 데카르트의 이분법적 사유와 뉴턴의 기계적 세계관은 지적 분석과 언어능력에만 관여함으로써 우주적 기쁨을 느끼는 감각을 상실하였다. 이성 중심의 사유는 생을 분석 대상으로 파악, 신비에 대한 감각을 잃어버렸다. 사랑과 우정, 예술과 놀이로부터 오는 유쾌함, 흙에서 오는 경이 등 통합적인 감성을 놓침으로 살아있는 감동보다는 굳어버린 합리적 심성을 갖게 되었다. 여기에선 공동체, 정의, 축제에 대한 깊은 욕구는 무시된다. 타락-속량 영성이 희랍의 영혼과 물질의 이분론적 도식에 근거하여 물질을 부정적으로 보고 쾌락 제한을 강요하였다면, 창조영성은 히브리의 야휘스트 기자의 "좋았다"는 선언에 따라, 생을 선물로 받아들이며 이에 향한 예술적 감응을 긍정한다.

타락-속량 영성이 원죄에 대한 사유를 중심축으로 전개되고 있다고 한다면 창조영성은 원복을 중심으로 출발한다. 창조영성은 애초 우주에서부터 시작한다. 우주론이 없는 인간론은 있을 수 있을까. 폭스는 '타락'보다 시간적으로 우선한 '창조'를 더 중요시하고, 큰 사건은 '타락'이 아니라 하나님의 '창조력'임을 강조한다. 창조는 멈춤이 없이 지속되고, 축복은 본래 예시되었던 것처럼 무조건적이다. 그 무조건적인 사랑이 원복이다. "하나님이 손수 만드신 모든 것을 보시니, 보시기에 참 좋았다"(창 1:31)고 하신 것처럼 원복에 대한 긍정은 우주적 신뢰와 연관된다. 신뢰를 통해 우리는 우주적 존재로 성장한다. 신뢰는 변화와 과정을 존중하는데, 여기서 우주적 의식이라는 보편성, 모든 피조물에 내재한 신의 편재偏在가 거룩함으로 작동한다.

타락-속량의 가부장적 모델은 지혜와 에로스를 거부하고 지식과 통제를 중요시한다. 인간중심주의의 사고틀을 형성하고 원죄를 강조함으로써 생명의 대지성과 육체성 등 감각을 부정했다. 타락-속량 패러다임은 결국 길어야 수십만 년의 인간역사에 신의 은총을 제한시킴으로서 180

억년의 우주 역사에 대해 침묵한다. 모든 사물 안에 계시는 하나님은 곧 '우주 그리스도'이다. 폭스의 창조영성은 자연주의 영성이다. 인간과 우주 만물은 계급적으로 차이가 없다. 그 우주론의 핵심은 서구 전통인 이원론이 아니라, 비이원론이다. 이는 표현보다 억압을 가르치는 기존의 신앙은 생에 대한 통제와 수동성에 머물러 결국 자기결단의 창조적 능력에 무력하게 만들고 만다.

창조영성을 향하여

창조영성은 기존의 '타락-속량' 패러다임을 뛰어넘는 지혜이다. 창조영성은 타락-속량 영성이 4세기 어거스틴에 의해 시작된 것과는 달리, 히브리 성서의 야휘스트[4] 전통에서 출발하여 지혜문학(잠언, 지혜서)와 예언자의 노래 그리고 묵시문학, 예수의 설교에서 발견된다. 희랍 교부들[5]에게도 우주론적 신학이 존재했다. 중세의 창조 중심의 신비주의자들 마이스터 에크하르트[6], 아씨시 프

---
4) 토라 형성의 전통적 주요 자료.
5) 알렉산드리아의 글레멘스, 이레네오스, 닛싸의 그레고리오 등.

란체스코7), 빙겐의 힐데가르드8), 막데부르크의 메히틸드9), 니콜라우스 쿠자누스10) 등이 있다. 그외에도 토마스 아퀴나스의 아리스토텔레스 우주론의 반영, 단테의 『신곡』에 나타난 우주 그리스도에 대한 체험의 묘사, 노르위치의 쥴리아나의 모든 피조물 안에 계신 하나님 내재 등이 모두가 지혜 중심적 영성과 우주 그리스도론을 포함하고 있다. 여성론자들, 해방신학자들, 예술가, 음악가, 시인들도 다 창조영성을 따라간다.

창조영성은 새롭게 등장한 길이 아니라 우주와 함께 시작한 가장 오래된 전통이다. 중세기 이후 인간중심 문화가 창조중심 문화를 살해하면서 그 고리가 끊겼던 것이다. 이 세상의 모든 토착민들은 창조영성을 소유하고 이원론을 극복하려 시도해 왔다.11) 우리 모두가 연계되어 있다는 것은 우주가 하나의 공동체란 의미이다. 우주는 다양

---

6) 피조물이 하나님 말씀임, 개인 안에서의 우주 그리스도를 탄생시킴.
7) 태양의 노래, 만물의 형제 자매됨, 자연의 치유력에 대한 신뢰.
8) 우주론적 음악과 우주 그리스도에 대한 만다라.
9) 우주 그리스도에 대한 영적 일기, 만유재신론.
10) 신을 자연 전체로 보았고, 자연의 운동이 곧 능동적인 신의 운동이다.
11) 인디언 영성, 아프리카 영성, 우리나라의 홍익인간 등도 이에 속한다.

성을 가르친다. 창조영성은 고전적인 기독교신앙의 3대 항목인 창조, 구속, 성화에 대해 우주론, 해방, 지혜의 입장에서 재해석한다. 우주는 창조자 하나님을 계시한다. 우주론을 과학, 신비주의, 예술로 이해하며, 하나님은 예술가 배후의 예술가이다. 예언자로서 예수는 모든 이들을 예언자로서 영감을 불러일으키며 가르친다. 그의 언어가 아름다운 은유로 되어있음을 기억해보라.

타락-속량 영성은 가부장적이고 금욕적인 고행을 강조한다. 열정을 통제하고 하나님을 아버지로 믿는다. 고통도 죽음도 다 죄의 대가로 본다. 원죄와 이원론 그리고 순종과 의무를 강조한다. 이에 비해 창조영성은 여성론적이고 심미적이고 원복을 강조한다. 하나님은 아버지이지 어머니이고 아기이다. 고행은 몸을 죽이는 게 아니라 창조를 향한 수련이고, 열정은 축복이며 아름다움이다. 고통은 우주의 산고이고 죽음은 자연적 순환과 재생의 서곡이다. 거룩함은 우주의 환대이다. 창조영성이 기독교의 반생태적 경향에 주요한 대안이 되는 이유가 여기에 있다.

창조영성은 '창조'에 대한 이해가 핵심이다. 매튜에게 창조는 모든 공간과 과거, 현재, 미래를 포괄하는 시간을 의미한다. 가장 의미있는 시간은 현재, 곧, 영원한 현재이기 때문이다. 매튜는 에크하르트가 주장하는 현재의 순간을 매우 중요하게 여긴다. 에크하르트는 "하나님은 전체적으로 충분하게 전 우주를 현재라는 순간에 창조하고 계시다. 하나님은 영혼의 가장 내밀한 영역과 심층적인 영역에 존재하는 모든 것을 창조하고 계"심을 강조했다. 히브리 신앙관에서 물려받은 매튜 폭스의 창조영성은 긍정, 부정, 창조성, 그리고 변혁이라는 네 단계로 나뉜다. 창조계를 따라가는 긍정의 길, 어둠을 응시하는 부정의 길, 창조성과 함께하는 창조의 길, 새 창조계를 믿는 변혁의 길이다.

첫 번째 긍정의 길(Via Positiva)은 감사의 길이다. 이는 생명인 우리 자신과 만유인 창조계의 아름다움과 우주적 깊이를 느끼는 여행을 의미한다. 성서에 따르면 계약의 하나님은 축복의 하나님이다. 생에 대한 긍정은 곧 우리 가운데 있는 하나님 나라, 곧 만유내재신론적 능력과 은총의 체험으로 이어진다. 영생은 후일의 사건이 아니라 현재의 심연을 향한 체험이라는 것이다.

두 번째 길은 부정의 길(Via Negativa)이다. 비움과 어둠, 고통과 슬픔을 경험하는 이 영적 여정에서도 우리가 우주적 존재임을 배운다. 고통을 통해 비움이 일어난다. 고통과 함께 여행함으로써 타인을 이해하고 자비를 인식하고 성숙해진다. 고통을 통해 우리는 심장의 통증을 경험하게 되고, 긍휼이 싹튼다. 영혼이 의식의 표면에서 심층으로 들어가는 길은 "어둠"이 상징하는 고통과 침묵을 통과한다. 인간의 지식과 논리로 해결되지 않는 이 길은 영성 심화를 위한 예수의 십자가와 같다. 예수의 버림받음과 죽음이 의미하는 바는 결국에는 죽음으로부터의 해방이요, 자유이다. 십자가는 명상의 대상이 아니라 그 구체적 과정에 참여하는 구원이다. 비워진 인격을 통해 정의와 자비에 민감해지고, 그 비움으로 신적 은총의 통로가 이해하는 것이다.

셋째는 창조의 길(Via Creativa)이다. 창조성을 신뢰하는 것이다. 해방이 어둠에서 태어나듯이 창조는 신생을 낳는다. 창조라는 우주적 에너지는 아직도 그 장구한 과정 속에서 모든 유기체들을 지속적으로 출산하고 있다. 오랜 세월 타락-속량 신학이 가져온 비극은 우리 안에 있는 예술의 상실이었다. 그 결과 아름다움과 경이, 정의와 놀이에 대한 출산력이 상실되었다. 신적 출산력을 물려받은 우리는 내면의 예술가를 낳아야 할 책임이 있다.

넷째는 변혁의 길(Via Transformativa)이다. 이는 자비, 경축의 길이다. 이 길은 잘못된 관계가 쇄신된 창조계를 회복한다. 온전한 우주를 지향하는 이 여정은 지혜와 예술로 귀환한다. 그래서 폭스는 폭력과 이원론 그리고 자비와 정의 실천을 거부하는 것은 "세계의 질서와 기초를 흔들어 놓는" 큰 죄로 강조한다. 네 가지 영적 여정이 하나의 온전한 새로운 문명이 태어날 수 있다는 비전이라는 것이다.

예수의 우선적인 관심은 해방이었다. 우리 안의 신성 또한 억압에 대해 자유를 선포하고 간섭하는 예언자적 삶을 수행한다. 성령은 이원론적 신앙과 삶을 극복하려는 지혜의 영이다. 이는 창조 세계의 본래적인 자연의 힘을 긍정한다. 기독교의 고질적 문제인 이원론적 세계관의 한계를 어떻게 극복할 것인가. 예수는 침묵과 비움의 자세를 강조하는데, 이러한 비움이 균형 잡힌 기독교적 삶의 새로운 길이 아닐까.

자비를 향하여

그러나 변혁은 쉬운 길이 아니다. 설교나 교훈이 아니라 가치를 식별하고 의식 내의 영적 혁명을 향한 훈련이 절실하다. 인류의 다음 세대가 삶의 의미에 대한 전망을 얻을 수 있는 생활, 곧 사랑과 자비의 양식을 구축해내야 하는 것이다. 창조영성은 인간뿐만이 아니라 지구정의(geo-justice)를 주장하는 자비의 실천을 강화한다. 자비가 영혼을 확대시키면서 상상력을 증가시키고, 용기를 상승시킨다. 원죄가 아니라 원복의 관점에서 생을 선물로 받아들여 내면화된 억압을 넘어 은총의 길을 연다는 것이다.

매튜는 영성 여정의 성취로 '자비'를 든다. 불의에 대해 가슴 아파하며 정의를 위해 나아가는 영적 여정에 통합하기 위해 자비가 절대적인 필요인 까닭이다. 매튜는 자비를 단순한 심리학적 영역으로 이해하지 않고, 정의를 만드는 힘임을 강조한다. 그러기에 전지구적 차원의 성장과 평화를 위해서 '자비'를 실천하는 투쟁에 나서야 한다는 것이다.

예수는 지혜와 축복, 자비로 귀환한다. 자본주의와 제국주의, 인종차별과 성차별은 영성을 무력하게 한다. 정의와 자비가 없기 때문이다. 따라서 창조영성은 정적인 명상보다 행동하는 자비와 정의를 강조한다. 이 길은 사회적으로 잊히고 억눌린 사람들을 위한 예언자의 길이다. 이 노력은 무력한 자의 힘과 지혜를 길러내고 교회의 변혁에 공헌한다. 폭스는 예수는 피조물에 대한 신의 자비를 보여주신 화신이라고 주장한다.

자비는 기독교 신비주의, 페미니즘, 생태주의 등을 가로지르는 교차점의 핵심이다. 그렇게 심리적이고 사적이며 감상적인 도덕을 넘어, 창조영성은 공적이며 우주적이고 생명윤리적인 에너지의 흐름으로 치유와 축제 그리고 정의를 실천할 수 있는 이타적인 삶을 구현해낸다. 이 상호의존적이며 실천적인 영성의 핵심은 타자를 향한 존중에서 싹튼다. 상호의존 의식 속에서 깨어난 자비는 의식만이 아니라 상호의존의 삶을 수행한다. 특히 억눌린 약자에 대한 우선적인 배려와 평등성을 추구하는데, 그것이 종교가 가야 할 영성다움의 생활양식이자 사회변혁의 행동방식이다. 자비의 결여는 식량과 에너지 문제, 기후위기와 생태위기, 멸종과 파괴, 의학의 비인간화, 실직과 불필요한 사치품의 증가, 삭막한 관료주의, 저속한 경제학,

메마른 교육 등으로 나타난다.

자비는 양육, 돌봄 그리고 대지성을 축으로 하는 비억압적, 비계급적 특징을 갖는다. 창조영성은 지구의 약자들, 잊힌 소수자를 위한 영성이다. 여성, 선주민, 동성애자, 장애우, 제3세계 가난한 이들을 향한 이 영성은 창조계의 본성과 다양성을 무시하는 기존의 억압적인 교리에 의해 차단되었다. 창조영성은 약자들의 상상력을 촉진하여 신적 에너지를 풀어 놓아 자기 세계를 재창조할 힘을 부여한다. 억눌린 자에 대한 관심에는 우주적 상호의존에 대한 인식이 존재한다. 상호의존적인 세상에서 개별적인 구원이란 의미가 없다. 따라서 구원은 우주적 성격을 띤다. 정의를 향한 해방운동은 이제 사회적 약자를 넘어서서 생태적 약자를 고려하며, 역사를 넘어서서 살아있는 우주론 안에서 회복을 꿈꾼다.

자비의 실천은 축제와 정의실현 속에 구현된다. 축제는 관계하기, 결합하기, 어울리기, 동참하기 등의 놀이로 나타난다. 이 표현을 통해 무력감과 분열이 치유된다. 에로스적인 경축이 일어나면 정의의 시대도 열린다. 남의 고통이 나의 고통이 된다. 불의로 고통받는 희생을 눈으로 보고 직접 접촉하는 열정과 힘은 필수불가결한 존재의 책무가 아닐까.

결국 창조의 핵심은 관계에 대한 것이다. 에크하르트는 "관계는 존재하는 모든 것의 본질"이라고 말한다. 폭스가 이해하는 모든 창조계는 신성의 흔적이며 발자국이고 결과이다. 그에게 죄는 우주의 존재 목적을 빗나감, 곧 지구의 모든 피조물 안에 임재하신 하나님으로부터 멀어져 가는 것이다. 폭스가 말하는 창조는 모든 사물의 원천이며, 모태이며 목표이다. 창조는 결코 중단되는 법이 없고, 결코 지루한 적이 없다. 고통과 번민, 전쟁, 타락한 도덕관념 등이 일어나게 되는 이유는 사회 제도가 창조성을 상실한 결과라고 폭스는 평가한다. 결국 인간이 선택해야 할 길은 급진적인 공동체가 아닐까. 우린 관계의 거미줄을 짜는 공동의 존재인 까닭이다. 모든 영적인 길에 공통적인 것은 성령이 거기에 참여하고 있다는 것이다.

우리는 방대한 180억 년의 역사를 가진 우주 시민이다. 우주의 역사는 아직 끝나지 않았고, 우리 소명은 그 역사를 창조하는 것이다. 에크하르트에 의하면 신의 초월성만 강조하면 유신론이고, 내재만 강조하면 범신론이지만, 초월과 내재를 동시에 강조하는 것, 초월이며 내재이고, 내재이며 초월임을 강조하는 것은 범재신론(panentheism)이다. 원복의 존재인 우리는 대자연을 통해, 원죄를 넘어서서, 대우주에 감응하는 힘을 어떻게 성취할 것인가. 이는 자비를 실천하는 예수의 행동에 그대로 담겨 있다. 우리가 닮고자 하는 예수는 그 원복을 증명하는 아름다운 하나님이다.

결과에 연연하지 않는 삶
—『바가바드 기타』[1]

아름다운 의무를 위하여

"일은 바쁜 순서대로 하는 게 아니라 중요한 순서대로 하는 거야." 마음이 끊임없이 펄럭일 때마다 선배들로부터 받은 충고였다. 이제 이 충고를 후배들에게 종종 나누는 나이가 되었다. 문제는 '중요한 게 무엇인가'를 아는 것이다. 이는 불혹과 지천명, 그리고 이순을 넘기면서 점점 큰 화두로 다가왔다. 중요함의 순서란 과연 어떤 것인지, 문득문득 멈추어 설 때가 많다. 우두커니 서서 하늘을 바라볼 때의 그 깊이란 아득한 슬픔 같았다. 그러다가 아름다운 스승 같은 『바가바드 기타』를 만났다.

'바가바드 기타'는 산스크리트어로 '거룩한 자의 노래'라

---

[1] 길희성 역주, 『범한대역 바가바드 기타』, 동연, 2022.

는 뜻으로 기원전 2~3세기 경 성립된 인도철학의 정수이다. 700구절로 된 시행으로 이루어진 이 책은 원래 인도의 대서사시 『마하바라타』의 일부분이었다가 힌두교의 주요 경전에 포함되었다. 올더스 헉슬리는 이 책은 "영원을 이야기하는, 세상에서 가장 빛나는 경전"이라고 언급했고, 인도인들에겐 평상시 늘 암송하는 삶의 지침서였다. 이 책은 나이, 성별, 국적, 종교와 상관없이 수많은 사람들에게 친밀한 지혜서다. 현실적인 철학으로 삶의 태도를 적극적으로 바꿔주는 힘 때문이 아닐까.

『바가바드 기타』는 먼저 의무를 가르친다. '의무', 곧 다르마(Dharma)[2] 개념은 카르마(업)와 마찬가지로 인도 신화와 철학에 나오는 주요 개념이다. 이는 중국의 '도道'처럼 존재하는 사물의 본질적인 법칙이자 우주 삼라만상의 질서와 같다.[3] 우주의 질서를 유지한다고 믿는 이 다르마는 힌두교 윤리의 가장 특징적인 면이다. 삶에 주어

---

[2] 힌두철학뿐 아니라 불교와 자이나교에도 있는 개념. 한자문화권의 법(法)도 '다르마'를 한자로 바꾼 것이다. 다르마는 일반적으로 '인간의 참된 본질'을 정의하는데, '의(義)', 즉 인간의 도덕과 윤리의 기초, 우주의 법칙, 그리고 모든 종교의 기초를 뜻한다.

[3] 다르마는 여러 가지로 해석된다. 윤회사상에 나오는 우주의 법칙, 인도의 의례, 개인행동으로서의 요가, 아힘사(비폭력)와 같은 덕, 법과 정의, 스승으로부터의 배움과 같은 의무, 세상의 실상 등이다.

진 강렬한 의무가 있다는 것, 생명이란 권리뿐만 아니라 의무라는 것은 잊힌 둥치에서 돋는 잎눈 같은 경이로운 발견이었다. 그렇다면 우주가 나에게 준 의무란 무엇일까. 충격적인 것은 의무를 행동하는 것은 결단을 필요로 하고, 이때 행위의 결과에 집착하거나 보상을 바라서는 안 된다는 전제였다. 그것이 마음을 비우는 요가의 삶이 중요한 이유였다.

『바가바드 기타』의 배경은 전쟁이다. 왕위 계승을 두고 벌인 전쟁에서 아르주나 왕자는 돌연 화살을 내려놓고 고뇌에 빠진다. 전쟁 상대가 친족, 스승, 친구임을 알았기 때문이다. 전쟁이란 스스로 끝낼 수 없고 싫다고 도망칠 수도 없는 고통스러운 현실을 말한다. 이 전쟁은 인간이 맞닥뜨려야 하는 모든 삶의 한 비유이다. 아무리 절망스러워도 삶에 구속된 채 조건에 맞춰 싸워내야 한다. 고뇌에 빠진 아르주나의 옆에는 언제나 신이 함께한다. 이 크리슈나라는 신은 처음에는 아르주나의 마차 몰이꾼이었다가 스승으로, 그다음엔 인격신으로 서서히 본래 모습을 드러내며 가르침을 전한다.

또 자신의 의무를 생각해서라도

> 그대는 흔들려서는 안 된다.
> 무사에게는 의무에 따른 싸움보다
> 더 좋은 다른 것은 없기 때문이다. (2장 31절)

> 죽임을 당하면 그대는 하늘을 얻을 것이요,
> 승리하면 땅을 누릴 것이다.
> 그러므로 쿤티의 아들이여,
> 싸움을 위해 결단하고 일어서라. (2장 37절)

『바가바드 기타』는 의무로써 삶에 참여할 것과 고통과의 대면을 두려워하지 않는 지혜를 담고 있다. 진리가 쇠퇴할 때마다 세상을 구원하고자 인간 모습으로 나타나는 크리슈나는 전쟁을 주저하는 아르주나에게 "나가서 싸워라"라고 단호히 말한다. 이 당부는 인간이 고통스러운 삶을 어떻게 살아내야 하는가라는 질문에 맞닿아 있다. 크리슈나의 가르침으로 아르주나가 혼란을 극복하는 과정이 이 경전의 전체 흐름이다. 삶에는 결단이 필요한 순간들이 많다. 우리는 늘 여린 잎새와 같다. 계산하고 손익을 따지면서 미풍에도 흔들리지만 진리는 언제나 결단을 요구한다. 삶을 직시하는 일도 몸으로 행동하는 일도 항상 두려움과 같이 온다. 용기가 절실하다. 결단은 언제나 변곡점을 만드는 선택이기 때문이다. 선택 앞에서 우리는 늘 주저할 수밖에 없다.

> 결단적 성격의 지성은 쿠루의 자손이여,
> 여기서 하나이지만,
> 결단력 없는 자들의 지성은
> 여러 갈래이며 끝이 없기 때문이다.(2장 41절)

> 요가에 굳게 서, 아르주나여,
> 성공과 실패를 평등하게 여기며
> 집착을 버리고 행동하라
> 요가는 평등성이라 말한다.(2장 48절)

위 시구는 결단하는 지성과 결단하지 못하는 지성을 언급하고 있다. 21세기의 급변하는 현실에 절실한 지혜로 다가온다. 소비와 편리의 문명은 회피주의를 만들어내고 있다. 자신의 필요 외에는 관심을 꺼버린다. 결단하는 지성은 하나로 엮어내지만 결단하지 못하는 지성은 끊임없이 분열되고 흩어진다. 결단과 선택 앞에서 중요한 것은 평등심, 곧 성공과 실패를 하나로 볼 수 있는 눈이다. 성공과 실패를 평등하게 여길 때 우리는 이분법을 벗어나고 집착을 넘을 수 있다. 이는 요가에 굳게 설 때 가능하다. 우리가 존재한다고 믿는 이 세계는 환幻에 불과하다. 幻의 세계에서는 기쁨도 절망도 그저 흘러가는 구름이다. 따라서 삶의 고통, 죽음 따위에 연연해하기보다 뿌리를 향한 성찰과 수행을 선택해야 한다. 우리가 보고 듣고 느끼는 세상이 幻이라면, 이 幻을 어떻게 살아낼 것인가. 크리슈나는 주어진 의무를 행동하는 길만이 진아로 향하는 유일한 방법이라고 말한다. 진리를 추구한다는 것은 곧 행동이기 때문이다.

포기의 철학

"잊어야 잃어버리지 않는다." 오래 전부터 심장 가까이 맴도는 문장이다. '잊음'과 '잃음'의 관계를 자주 생각하게 된다. 잊어야 할 것은 무엇이며, 잃어버리지 않아야 할 것은 무엇인가. 『바가바드 기타』를 읽으면서 선명해진다. 잊어버리지 못하고 집착하면 정작 중요한 것들은 놓치고 만다. 자아에 매달리면 타자성을 잃어버린다. 손에 든 것을 내려놓지 못하면 더 소중한 것을 선택할 수 없다. 포기할 줄 하는 철학, 이는 얼마나 간절한 지혜인가.

생명의 의무를 이해한 자에겐 너무나 분명한 소명이 하

나 있다. 바로 포기의 행위이다. 힌두의 다르마는 인간의 삶을 네 단계로 제시한다. 태어나서 25세까지는 학습기學習期, 공부하는 시기이다. 50세까지는 가주기家住期, 가정을 이루고 사회적 의무를 행하면서 부와 명예를 획득하는 시점이다. 50세에서 75세까지가 임서기林棲期이다. 얻었던 부와 명예를 포기하고 집을 떠나 숲으로 들어가는 기간이다. 사회적 역할도 다했으니 이제 자신의 영혼을 구제하는 수행의 시기인 것이다. 그 이후부터는 유랑기流浪期, 여기저기 산야신으로 유랑하다 길에서 죽는 시기이다. 모든 집착에서 벗어나는 무소유를 실천하는 것이다. 이 넷 중에서 가장 강렬한 느낌은 임서기이다. 열심히 노동하고 매달려 일군 부와 명예를 다 버리고 떠나라니. 평생에 걸쳐 얻는 자신의 열매를 포기하는 것이 진정한 생명의 의무라니.

『바가바드 기타』는 결과에 집착하지 않는 행위를 강조한다. 의무와 행동을 강조하면서 그 결과에 집착하지 않는 이 포기의 철학은 그야말로 불교의 응무소주이생기심應無所住而生其心, 머무르지 않고 마음을 내는 법과 통한다. 육신의 한계에 갇혀 있는 우리가 아무런 보상을 바라지 않고 삶에 충실할 수 있을까. 결과에 대한 기대 없는, 옳은 행위는 어떤 것일까.

> 네 할 일은 오직 행동에만 있지 결코 그 결과에 있지 않다.
> 행동의 결과를 네 동기가 되게 하지 마라.
> 또 행동하지 않아서도 안 된다.
> 결과가 좋고 나쁨을 동일하게 보는 마음을 가지고 행동하라.
> (2장 47절, 48절)

> 제어된 자는 행위의 결과를 포기하고
> 영구한 평안을 얻지만
> 제어되지 않는 자는 결과에 집착하여
> 욕망의 행위로 속박된다.(5장 10-12절)

어떤 지혜나 명상보다도 행위의 결과를 포기하는 것이 더 어렵다. 부와 명예를 어떻게 얻었는지를 기억하면 나라는 자아는 더 강해진다. 내가 성취한 것을 버린다는 것은 출산과 같은 용기를 필요로 한다. 내가 우주의 티끌임을 깨닫지 못한다면, 시공을 넘는 존재로 떠돌고 있음을 깨닫지 못한다면 내 것이라는 욕망은 쉽게 부서지지 않는다. 빈손으로 온 것을 선명하게 기억해낼 때 우리는 집착을 벗어날 수 있다.

포기의 순간은 위기의 순간이다. 위험한 순간은 삶에서 매우 중요하다. 그때 변화가 일어나기 때문이다. 위기는 제어하는 자의 선택이 중요한데, 그 변화가 영혼을 성장시키기 때문이다. 욕망을 제어한 행동은 곧 평정심으로 이어진다. 초인이든, 폐인이든 결과에 집착하지 않는 평등심을 얻는 것이다. 집착을 포기할 때 우리는 쉽게 흔들리지 않는다. 부와 가난, 미와 추, 선과 악, 등 그 모든 상황과 감정 앞에서 동일한 마음을 가질 수 있을 때 우리 정신은 청정할 수 있지 않을까. 단정하고 겸허한 자세로 낮아지는 것이다.

> 훈련보다는 지혜가 더 좋으며,
> 지혜보다는 명상,
> 명상보다는 행위의 결과의 단념이 뛰어나기 때문이다.
> 포기는 즉시 평안을 낳는다.(12장 12-13장)

> 아무 데도 집착하지 않는 지성으로
> 자신을 이긴 자는
> 갈망이 사라져 포기로
> 지고의 무위(無爲)의 완성에 이른다.(18장 49절)

포기를 배운다는 것은 중요한 생명의 과정이다. 진정한

평등, 이원성의 경계를 넘는 법은 포기를 통해서만 가능하다. 포기는 스스로 자기를 절제할 수 있는 힘이다. 이렇듯 『바가바드 기타』에서 가르치는 요가는 '마음과 감각을 제어하는 자기절제의 수행법'이다. 욕망 없는 평정심을 가지고 자기 역할을 실천한다는 것. 행위의 결과를 기대하지 않고 의무를 수행하는 것. 이처럼 에고 없는 희생만이 우주 전체의 생명에 기여할 수 있는 것이리라. 아르주나의 질문을 통해서 내 삶에 고스란히 스며든 배움이다.

『바가바드 기타』의 심연이 깊고 푸르다. 행위를 통해서 행위를 초월하는 것, 욕망 속에서 욕망을 초월하는 것이 『바가바드 기타』가 품은 보편성이다. 현대인은 결과에 집착한다. 하지만 깨달음의 진정함은 과정에 있다. 그 과정은 결과를 향하고 있지 않다는 것이 중요하다. 그 모든 틈에는 믿음이 필연적으로 작동한다.

믿음이라는 초점

믿음이란 눈에 보이는 것이 아니라 눈에 보이지 않는 것을 보는 것이다. 그래서 지루하고 힘들 수밖에 없다. 하지만 믿음은 우리를 가능성과 잠재성으로 무장하는 방식이다. 인식론적 지식을 존재론적 지식으로 전환할 때의 환희는 얼마나 눈부신가. 그 기쁨으로 영성이 개발되고 종교성이 발달하고, 순교와 희생이 가능하다. 그 믿음의 힘이 사실 무한한 세계와 연결되어 있음이다.

현대인에게 요가는 운동법으로 알려져 있지만, 인도 철학사에서는 진짜 세계인 브라흐만을 깨닫는 궁극적인 상태로 나아가기 위한 명상법이다. 그 길에는 카르마 요가, 즈나나 요가, 박티 요가가 있다. 카르마 요가는 행위를 통해, 즈나나 요가는 지혜를 통해, 박티 요가는 믿음을 통해 헌신하는 수련을 말한다. 세 요가는 각각 따로가 아니라, '완전한 포기 상태'라는 동일한 목표에 도달하기 위해 상호의존적으로 서로 맞물려 있다. 다양한 철학적 관점을 하나로 통합한 『바가바드 기타』는 종교적, 이론적 차이에 주목하지 않는다. 그저 진리라는 하나의 목적을 등불 삼아 요가를 삶 속에서 실천할 뿐이다.

크리슈나는 분명히 말한다. 행위나 지혜도 중요하지만, 가장 중요한 것은 믿음이라는 것이다.

나에게 마음을 고정시키면서

항상 제어된 가운데 지고의 믿음으로
나를 공경하는 자들을
나는 가장 제어된 자로 생각한다.(12장 2절)

바라는 것 없고 순결하며 능력 있고 초연하며
동요를 모르고 모든 일을 포기하고
나를 신애하는 자는
나에게 사랑스럽도다/
기뻐하지도 않고 미워하지도 않으며
슬퍼하지도 않고 갈구하지도 않으며
좋고 나쁨을 던져버리고 신애로 가득한 자는
나에게 사랑스럽도다.(12장 16-17절)

믿음은 좋고 나쁨을 이기고 선과 악을 이기고 지고한 경외와 경이를 낳는다. 이러저러한 분별심으로는 진리에 나아갈 수 없다. 평등심을 얻을 때 믿음이 선다. 함석헌은 강조했다. "믿음이란 생각과 말과 행동이 삶과 서로 떨어지지 않은 것이다. 삶만이 믿음이다. 삶이 믿음이요 믿음이 삶이다 믿어서 살고 삶으로 믿는다."(1961년 『생활철학』) "그보다 놀라운 것은 그것을 스스로 알 게 된 날이다. 생각하는 혁명, 그런데 그보다 더 놀랍고 신비한 것은 그 생각에 초점이 생긴 일이다. 믿는 인격, 생명이 나가는 맨 끝에는 믿음이 선다. 마치 제일선 부대 같은 것이 믿음이다."(≪사상계≫ 1966년 5월) 믿음이 사유의 최전선이란 언급은 얼마나 명쾌한가.

본질적으로 믿음은 캄캄한 것이다. 때문에 '믿음'이란 초점이 인간을 지구상의 다른 존재들과 구별하는 지점이 아닐까. 인간은 어떤 한계 앞에서 늘 흔들리는 존재이다. 그 부조리와 모순 속에 있는 불확정성은 늘 존재를 괴롭힌다. 아르주나는 끊임없이 의심하고 불안해한다. 크리슈나는 선(밝음)과 격정과 암흑의 에너지들을 지속적으로 언급하면서 우리가 어떻게 격정과 암흑을 극복하고 밝음으로 나아갈 것인가를 제시하는데 그 길이 바로 신애하는 삶, 믿음이다. 신을 사랑한다는 것은 무엇일까.

크리슈나와 아르주나의 대화를 따라가다 보면 몇 가지 생명 윤리가 선명해진다. 욕망을 내려놓고 행동하는 것. 결과에 집착하지 말고 삶이 부여한 역할을 행하는 것. 사회적 역할에 충실하여 공동체와 세상의 질서를 지키는 것. 자기희생과 헌신을 실천하는 것. 각자 본분으로 사회가 유기적으로 엮이도록 애쓰는 것, 서로서로를 창조해내가면서 이타의 경지에 이르는 것이다. 여기에서 믿음은 필수불가결한 철학이다. 주어진 의무를 향한 도전도, 포기할 수 있는 능력도 믿음을 바탕으로 한다. 환幻으로 출렁이는 이 세계가 아니라, 그 너머에 진짜 세계 '브라흐만(Brahman)'을 향한 믿음이다.

『바가바드 기타』는 계급이 어떻든 어떤 삶을 살았든, 누구나 깨달음을 통해 진리에 다다를 수 있다고 가르친다. 주어진 삶에 최선을 다할 때 브라흐만 곧 우주의 근본적 실재 또는 원리에 이른다는 말이다. 결국 삶에서 자신의 의무를 어떻게 행동할 것인가가 중요하다. 아르주나의 질문들은 나의 질문들이다. 끊임없이 회의하고 흔들리는 나는 일상의 자그만 상황 속에서도 고뇌한다. 『바가바드 기타』의 배경은 전쟁이지만 우리 내면의 갈등을 은유한다. 번민하는 아르주나의 질문들이 내게 많은 깨우침을 준다. 고통이 담긴 그의 질문들은 우리 모두의 목소리이다. 하지만 크리슈나의 음성은 한결같이 꿋꿋하고 고요한 내면의 우주를 다시 일깨운다. 바로 요가의 삶, 평등심을 향한 실천과 명상이다. 대자연의 온화로운 깊이, 우주를 순환하는 파동에 귀를 기울인다.

유마거사의 사랑법
―『유마경』[1]

중생이 병들어 제가 병들었습니다

사랑이란 무엇일까. 이는 호모 사피엔스가 구석기 시대 동굴 속에서부터 시작한 원형적인 질문이다. 공감이란, 치유란 언제 어떻게 작용하는 걸까. 공생은 가능한가. 이 질문들은 21세기의 극단적인 기계문명의 끝자락에 도래한, AI의 소비적 일상에서 길을 잃은 우리가 던지는 질문이다. 모두 관계의 감각, 우리가 짜고 있는 인드라망을 향한 물음인 것은 한결같다.

원효는 환속한 뒤 스스로 '거사'라고 부르며 세속적 삶을 살았다. 이 때 원효가 추구한 것은 '승과 속이 다르지 않다'는 승속불이僧俗不二의 거사불교였다. 그는 자유분방

---

[1] 권서용 한역, 『유마경』, 메타노이아, 2016.

한 행동으로 중생을 제도하고자 했다. 『삼국유사』는 원효가 광대들이 큰 바가지를 들고 춤추며 노는 것을 보고 그 모습에서 무애라 이름했으며, '일체에 걸림이 없는 사람은 한길로 생사를 벗어남'을 가르쳤다고 전한다. 그때 원효의 모델이 『유마경』 속의 유마거사였다.

유마는 승과 속을 초월해 중생을 이끄는 무애의 실천가였다. 거사라는 말은 재가자로서 수행한다는 말이다. 불교는 출가자를 위한 종교이기에 재가자가 깨달음을 추구한다는 것은 쉽지 않다. 『유마경』[2]은 기원 전후로 출현한 초기의 대승경전 중 하나이다. 인도에서는 이미 나가르주나도 여러 논서에서 『유마경』을 인용할 정도였다. 이후 7세기 당나라 현장이 천축에서 산스크리트어 불경을 가져와 『설무구칭경說無垢稱經』이라는 제목으로 번역하였다. 『불가사의해탈경』이라고도 하는데, 이 경전 마지막에 석가모니가 아난에게 "이 경을 불가사의해탈문이라고 이름한다."고 한 것에 근거한 이름이다. 이 경이 이론적인 입장을 초월한 불가사의한 종교적 체험을 서술하는 까닭이

---

[2] 재가자를 주인공으로 한 경전은 『유마경』과 『승만경』(승만부인이 주인공)만이 남아 있기 때문에 이 두 경은 중요한 경전으로 간주된다. 『유마경』은 산스크리트어 원어 '비말라카르티'를 음역한 것으로 곧 '때 묻지 않는 이름'이라는 의미이다. 이 책에서는 "조촐하고 티끌이 없는 상태"로 이어진다.

다. '불가사의해탈경'이라는 이름이 내게 참 중요하게 다가온다. 해탈을 위한 고정된 법칙이 없다는 것은 관계의 고리에서 얼마나 중요한가.

이 경전의 내용은 중인도 바이살리 숲에서 설법을 행하던 석가모니가 당대에 유마거사가 병이 들었다는 것을 알고 제자들에게 그를 문병할 것을 당부한다. 일찍이 세속에 몸담고 있으면서도 대승의 가르침을 자각한 유마는 수행력과 법력이 뛰어난 재가신자의 모범이었다. 하지만 그로부터 힐난을 들은 적 있었던 제자들은 차례로 병문안을 사양한다. 마침내 문수사리보살이 병문안을 가게 되고, 두 사람은 형태의 유무와 상대적인 요소에 얽매이지 않고 자유자재로 대승의 진리를 논하기 시작한다.

유마는 당대 바이살리라는 도시에 살고 있던 부호였다. 세속에서 살아감에도 불구, 재가신자로서 불교 진수를 체득하고 청정한 행위를 실천한 보살도였다. 유마거사는 방편으로 병이 들었는데, 문병 오는 사람에게 설법하는 것이 목적이었다고 언급된다. 『유마경』은 "중생이 병들어 아프기에 보살도 병들어 아프다"는 가르침으로 유명하다. "만일 모든 중생들의 병이 나으면, 그때 내 병도 나을 것입니다."라는 유마의 말은 중생과 고통을 함께하려는 의지와 함께 보살의 불국토가 중생임을 강조한다. 이는 곧 중생의 삶 속에 있는 해탈의 가능성을 보여준다.

어리석음으로부터 애착을 둠에 따라 곧 저의 병이 생겼습니다. 일체 중생이 병들었기 때문에 저도 병이 들었습니다. 만약 일체 중생이 병이 없으면 저도 병이 없을 것입니다. 왜냐하면 보살은 중생을 위하여 생사에 들어가기 때문입니다.(110쪽)

'지금 나의 이 병은 모두 과거세의 망상 전도에서 번뇌들이 생긴 것이다. 여실한 법은 있을 수 없으니 누가 병을 받을 것인가?' 왜냐하면 지·수·화·풍의 사대가 결합했기 때문에 거짓 이름으로 몸이라 한 것입니다. 지·수·화·풍의 사대는 주인이 없고 몸도 또한 불변의 실체인 나도 없습니다만 또 이 병이 생기는 것은 모두 나를 집착함으로 말미암기 때문입니다.(115쪽)

「문질품」에 나오는 위 인용문은 병의 실체를 잘 보여주고 있다. 병듦의 원인은 어리석음과 애착이다. 내가 없는데[無我] 내 병이 있을 턱이 없다. 하지만 인식대상으로서의 조건, 실체 없는 것을 따라가는 욕망에 얽매이는 게 병의 뿌리가 된다. '나의 이 병은 진실도 아니고 실재하는 것도 아닌 것처럼, 중생의 병도 역시 진실이 아니고 실재하는 것도 아님'을 유마힐은 깨닫고 있다. 또한 '자아를 향한 집착'이 병의 원인임을 간파하고 있음은 중생의 탐욕이 남아있는 한, 자신의 병은 계속될 수밖에 없음을 유마 스스로 알고 있다는 말이다. 여기에서 유마의 병은 중생을 향한 사랑의 방편이다. 사랑한다는 것은 함께 아파하는 것이다. 때문에 치유의 방편으로 유마는 먼저 그 병듦을 선택했다. 중생을 벗어날 게 아니라, 그 안에 있어야 하며, 같이 고통을 겪을 때 거기서 깨달음과 치유가 발생한다는 것이다. 마음을 닦는 진정한 관계는 그렇게 중생을 대상화하지 않고 '중생-되기'에 이를 때 가능하다. 지·수·화·풍으로 된 몸이라는 것도 그저 하나의 집착을 낳는 언어에 불과하다. 그렇다고 몸을 함부로 버릴 수 없다. 그것이 유마거사가 중생들과 함께 아픈 이유이다.

> 몸이 무상이라고 말할지언정 몸을 싫어하여 떠나야 한다고 말해서는 안 되며, …(중략)… 자기의 병을 가지고 남의 병을 위로하며, 마땅히 과거세의 무수한 시간의 고통을 알아야만 하며, 마땅히 일체 중심을 요익할 것을 생각해야 하며, …(중략)… 마땅히 의왕이 되어 중생의 병을 치료해야 합니다.(114쪽)

위는 병의 역할, 병의 힘을 설명하고 있다. 중생을 위하는 데는 그 고통을 먼저 이해해야 한다. 중생에게 뭔가 가르치려고 하기 전에, 먼저 중생의 고통을 느껴야 한다는 것이다. 중생과 함께하려면 그들의 병듦을 같이 겪어야 한다는 깨달음이 유마거사의 시선을 정확하게 보여준다. "자기의 병을 가지고 남의 병을 위로하며, 마땅히 과거세의 무수한 시간의 고통을 알" 때 의왕이 되어 병을 치료할 수 있다는 것이다. 아파본 사람만이 아픈 사람을 이해할 수 있음은 경험적인 진실이다. 병들어보지 않으면 병든 사람의 마음을 헤아리지 못한다. 고통 바깥에서 고통을 이해한다는 것은 이치에 맞지 않음이다.

유마는 사랑의 실재를 이미 체득한 사람이었다. 이처럼 세속에 있으면서도 대승의 보살도를 성취하여 출가자와 동일한 종교 이상을 실현하던 그는 재가신자의 이상상이었다. 유마의 깊고 큰 시선에 공空의 사상을 실천적으로 체득하려는 대승이 선명하게 드러난다. 특히 세속에서 진리가 어떻게 실천되고 완성되는 지를 담은 『유마경』의 지혜는 방편바라밀로 나아간다.

방편 있는 지혜는 해방입니다

갠지스강 지류에서 발전한 바이살리는 화폐경제가 발

달하였고 진취적이고 자유로운 정신이 넘치던 상업도시였다. 때문에 개방적이고 비판적인 정신의 중심지이기도 했다. 다양한 문물을 접촉하다 보면 사고는 자연스럽게 유연해지기 마련이다. 상인 계층의 큰 지지는 불교를 실크로드를 거쳐 중앙아시아, 중국 또 인도네시아 등까지 전래시켰다. 때문에 초창기 불교는 지역적이기보다는 국제적인 성향이 짙었고, 개방적이었다. 이는 힌두교나 유교가 농업을 중시하고 농업세력과 많이 관련되었다는 점과 대비된다.

유마거사는 그 시대의 자유롭고 진취적이며 비판적인 정신을 대표한다. 그는 일상 속 진리를 펼치는 데에 방편을 매우 중요시했다. 자신의 병조차도 방편이었다. 이 방편의 지혜가 『유마경』에선 상세히 거론된다. 유마는 소승적 견지에 빠진 불제자들을 각성시켜 대승적 의식에 눈뜨게 하고자 방편으로 병을 앓는다. 방편이란 무엇인가. 우리는 존재의 부조리와 모순에 갇혀 있다. 하지만 우리가 선택할 수 있는 것은 방편이다. 중생을 구제하기 위하여 쓰는 묘한 수단과 방법, 그 방편은 십바라밀 중의 하나이다.

방편 없는 지혜는 속박이요, 방편 있는 지혜는 해방입니다. 지혜 없는 방편이 속박이요, 지혜 있는 방편이 해방입니다. 방편 없는 지혜가 속박이라는 것은 무엇을 말합니까? 보살이 애견의 마음으로 불국토를 장엄하여 중생을 성취하고자 하여 일체가 공하며 형상이 없으며 지은 것이 없다는 법에 대해 스스로 조복하는 것, 이것이 '방편 없는 지혜가 속박'이라고 하는 것입니다./ ⋯(중략)⋯ 비록 몸에 병이 있어도 항상 생사에 머물러 있으면서 일체를 요익하되 싫증내거나 피로해 하지 않는 것, 이것을 이름하여 방편이라 합니다./ 또 다시 몸을 관찰하되 몸은 병을 떠나지 않고, 병은 몸을 떠나지 않습니다. 이 병과 이 몸은 새로운 것도 아니고 옛 것도 아닌 것, 이것을 이름 하여 지혜라 합니다./ 설령 몸에 병이 있다고 해도 길이 소멸하지 않는 것, 이것을 이름하여 방편이라 합니다.(121-123쪽)

방편의 지혜가 없으면 속박 당하고 방편의 지혜가 있으면 해탈을 얻는다는 위 인용문은 방편이 깨달음에 얼마나 중요한 것인지를 강조한다. 방편은 그때그때 형편에 따라서 쉽게 이용하는 수단과 방법을 말하지만 실제는 불교용어이다. 접근하다, 도달하다는 뜻을 가진 산스크리트어 우파야(upaya)를 번역한 말로 깨달음을 향해 나아간다는 의미이다. 방편은 차별된 사상事象을 알고 중생을 깨달음으로 구제하는 지혜인 것이다. 많은 경전이 진실한 의미에서의 방편을 설명하고 있다. 『화엄경』은 육바라밀의 방

편과 대자대비 방편, 그리고 각오 방편, 전불퇴법륜轉不退
法輪 방편을 합친 십방편十方便을 제시했다.

방편은 근기에 따라 중생을 제도하는 지혜를 일컬으며, 강을 건너는데 쓰이는 뗏목으로 비유되기도, 달을 가리키는 손가락으로 비유되기도 한다. 손가락이 가리키지 않으면 우리는 달을 바라보지 않는다. 부처님 팔만사천 법문도 가르침을 받는 상대의 능력과 처지에 맞춰 법을 설하고 있다. 『법화경』 '비유품'에 나오는 화택火宅 비유는 대표적인 방편이다. 불이 난 줄도 모르고 노는 아이들을 구하기 위해 아버지가 사슴과 소가 끄는 수레가 문밖에 있다고 방편을 써서 불에서 아이들을 구해내는 이야기이다. 방편을 행하는 데에는 중생을 구제하겠다는 자비심과 지혜가 필요하다. 보살이 실천해야할 육바라밀(보시, 지계, 인욕, 정진, 선정, 반야)이 십바라밀十波羅蜜로 확장되는데, 반야바라밀 다음의 일곱 번째가 방편바라밀이다.

> 비록 일체의 중생을 거두더라도 애착하지 않는 것이 보살의 실천행입니다. 비록 세간으로부터 멀리 떠나는 것을 즐거워하더라도 몸과 마음 다하는 것에 의지하지 않는 것이 보살의 실천행입니다. 비록 욕계 · 색계 · 무색계의 삼계를 행하더라도 법성을 허물지 않는 것이 보살의 실천행입니다.(125쪽)

김수우 / 유마거사의 사랑법 65

방편은 결국 보살의 실천행으로 나아간다. 실상의 진리는 형상도 없고, 생각도 말할 수도 없는 공의 경지이다. 이러한 궁극적인 깨달음은 언어문자를 초월해 있다. 하지만 '無我'와 '空', '緣起'를 깨닫는데 우리는 언어의 방편을 이용한다. 무아설無我說조차 방편설인 것이다. 그렇게 우리가 지혜를 위해서 할 수 있는 건 무수한 방편의 선택이다. 방편이 없다면 진리를 향한 의지는 누군가에게 가닿지 못하고 오리무중이기 쉽다. 많은 은유도 방편이다. 무의식을 의식으로 끌어들이는 것, 상징계의 방편을 우리는 흔쾌하게 받아들인다. 심층에 있는 암흑의 기호들이 표층으로 끌어올릴 때 우리는 함께 하나의 길에 서는 것이다. 불이법문은 모든 존재의 모습을 궁극적으로 청정하지만, 필요에 따라 스스로 모습을 드러내는 지혜이다. 결국 보살행도 깨달음도 자유자재한 설법과 갖가지 방편으로 나타난다. 예수의 무수한 가르침도 얼마나 아름다운 비유로 되어 있는가.

중생을 볶은 곡식의 싹인 듯 봅니다

이 방편의 지혜가 향하는 곳은 자비이다. 『유마경』은 자비정신의 실천을 지향하고 있다. 유마의 병은 보살의 자비에 의한 것이다. 중생들의 병이 나으면 그때 내 병도 나을 것이라는 역설이 대승적 수행의 뿌리를 보여준다. 번뇌에 싸인 중생을 깨달음에로 인도하려는 자비를 위해 그 실천은 우선 자유로워야 한다. 다섯 무간죄, 지옥, 아귀, 축생의 삼악도, 탐, 진, 치의 삼독에 몸을 던지면서도 이에 속박됨이 없어야 한다는 것이다.

> 설사 몸에 괴로움이 있을지라도 악한 갈래로 나아가는 중생들을 생각하며 대비의 마음을 일으켜야 합니다. 내가 내 마음을 이미 조복했다면 곧 마땅히 일체중생을 조복해야만 합니다. 그럼에도 불구하고 다만 그 병만을 제거해야지 그 법마저 제거해서는 안 됩니다. 병의 뿌리를 끊기 위해 그들을 가르쳐 인도해 합니다. (117-118쪽)

위에서는 유마거사의 연륜과 내공이 잘 드러난다. 자비를 일으키는 큰 바탕은 아름다운 법에 있다. 『유마경』의 핵심인 불이법문不二法門은 출가 중심의 부파불교를 비판하고 대승불교의 뜻을 전하는데 매우 중요하다. 출가와 재가 혹은 진리와 세속이 다를 게 없다는 불이不二 정신이 핵심이기 때문이다. 이러한 열린 정신은 중국에서 널리 읽힌데다 초기의 선종禪宗에서도 매우 중요시되었고, 당시 재가자들이 주축이 된 대승의 모습을 잘 반영한다.

"마음이 정淨하면 국토國土도 정하여지니라"는 구절은 모든 중생에게 깨달을 수 있는 가능성이 있다는 불성佛性을 강조한다. 이는 너와 내가 없는, 평등한 불이의 뿌리이다. 출가와 재가가 둘이 아니듯이 보리와 번뇌가 둘이 아니고, 부처와 중생이 둘이 아니고, 정토와 예토가 또한 둘이 아니다. 이 절대평등의 경지, 곧 일체중생실유불성一切衆生悉有佛性을 통해 유마거사는 "일체의 번뇌가 곧 여래의 종성"임을 밝히고 있다. 중생과 부처가 둘이 아니라는 말은 곧 모든 중생에게 불성이 있으며 또한 중생이 있어야 부처가 있다는 가르침이다. 중생도 부처도 하나이니 번뇌가 곧 해탈이다. 번뇌에 빠진 중생을 사랑할 수 있는 지혜의 틈새 곧 자비의 결이다. 중생을 어떻게 볼 것인가, 하는 문수사리의 질문에 유마힐의 답은 매우 아름답고 깊다.

비유하면 마술사가 꼭두각시 인형 보는 것과 같이, 보살이 중생을 보는 것도 이와 같습니다. 지혜로운 이가 물속에 달 보는 듯하며, 거울 속에 비친 얼굴모습 보는 듯하며, 뜨거울 때 불꽃인 듯하며, 물위의 물방울인 듯하며, 물위의 물거품인 듯하며, 파초 속의 딱딱한 심인 듯하며, 번개의 오래 머문 듯하며, …(중략)… 보살이 중생을 보는 것도 이와 같습니다./ 무색계의 색인 듯하며, 볶은 곡식의 싹인 듯하며, 수다원을 몸인 듯하며, 아나함이 태에 들어가는 듯하며, 아라한의 3독인 듯하며, 무생법인을 얻은 보살의 탐욕·성냄·금계를 허무는 듯하며, 부처님의 번뇌와 습기인 듯하며, 눈 먼 자가 색을 보는 듯하며, 멸진정에 들어가 호흡을 내쉬고 들여 마시는 듯하며, 허공속의 새의 자취인 듯하며, 석녀의 아이인 듯하며, 꼭두인형의 번뇌인 듯하며, 꿈에 깨어 있는 듯하며,(147-148쪽)

볶은 곡식에서 싹을 본다는 것은 가능한가. 번개는 오래 머물 수 있는가. 수다원이나 아나함이 다시 몸을 입을 수 있는가. 물 위의 물방울을 우리는 어떻게 만날 수 있는가. 꼭두인형의 번뇌를 우리는 알아차릴 수 있는가. 유마의 표현들은 그가 중생을 바라보는 시선, 곧 그가 지향하고 있는 해탈을 보여준다. 자비는 모든 중생에게 깨달음의 가능성이 있음을 믿는 데서 출발한다. 중생은 그 모든 불가능을 뛰어넘는 가능성의 존재라는 것이다. 유마거사는 인간이 비록 번뇌를 가지고 악을 행하고 있더라도 궁극적으로는 깨달음을 이룰 수 있다고 주장한다. 세차게 미끄러지면 저절로 뜨듯이, 정말 열심히 살아가는 그 자리에 해탈이 있다는 말이다. 자비를 행하는 방식에 대해서도 유마는 아주 미세하게 접근하고 있다.

> 허물어지지 않는 자비를 행함이니, 필경 다하기 때문입니다. 견고한 자비를 행함이니 마음이 헐림이 없기 때문입니다. 청정한 자비를 행함이니 모든 법성이 조촐하기 때문입니다. 끝없는 자비를 행함이니 허공과 같기 때문입니다. …(중략)… 싫증 없는 자비를 행함이니 공하여 무아임을 보기 때문입니다.(149-151쪽)

허물어지지 않는 자비, 견고한 자비, 청정한 자비, 끝없는 자비, 싫증 없는 자비를 행한다는 것은 얼마나 아름다운 수행의 세계인가. 본문 전체에서는 자비의 속성을 더 광대하게 언급하고 있다. 불이사상不二思想이 사랑과 자유의 뿌리임을 이해할 때 자비는 한결 쉽다. 이분법적 분별로는 궁극적인 깨달음을 얻을 수 없다. 재가자와 수행자를 나누고, 더러운 속세와 청정한 불국토를 나누는 것은 지혜도 방편도 자비도 아니다. 이는 곧 원효의 이변비중離邊非中을 떠올린다. 양극단을 떠나지만 중심이 아닌 자리, 거기서 다양하고 다층적인 존재들이 연대하며 조화를 이룬다. 극단을 떠난 만법의 참모습은 이 불이不二에 있다. 거기서 씨앗과 열매가, 너와 나가, 옛날과 지금이 한 자리임을 깨달을 수 있다.

『유마경』은 불교적 사유뿐만 아니라, 이 시대를 살아가는 현대인에게도 꼭 필요한 경전이다. 사회는 극단적인 양극화로 치닫고 있다. 옳고 그름, 좋고 나쁨으로 분별적 가치로 파단하는 진영 논리로 합리적인 토론과 포용의 가능성은 멀어졌다. 전쟁과 테러, 기후와 생태 위기는 우리에게 무엇을 당부하는가. 불이라는 진리의 문 앞에 오늘 다시 서야 한다.

방편의 지혜를 충분히 익히고 훈련하면 거기에 자비가 발생하고 그 자리에 법이 이루어지는 이치는 얼마나 아름다운가. "일체의 번뇌가 곧 여래의 종성이다."라는 문장은 하나의 등불과도 같다. 불법은 번뇌 가운데 나타난다는 것. 자비가 행동하는 아름다운 방편을 꿈꾸는 하루이다.

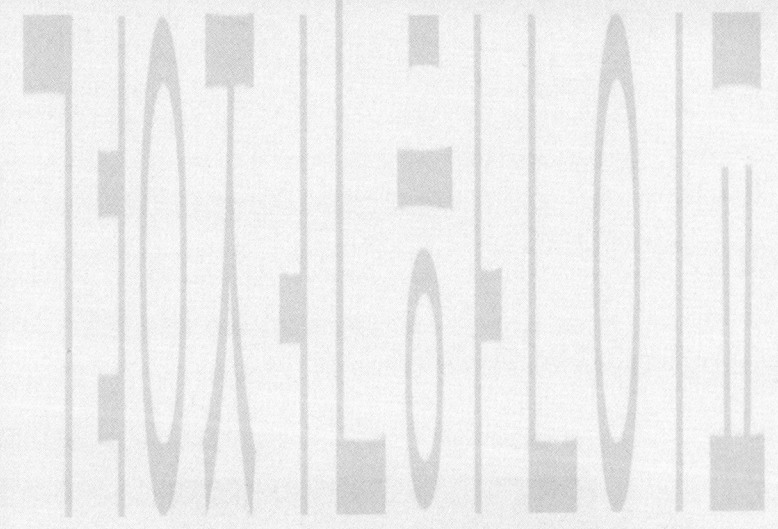

이수경

경전의 불꽃

해탈의 형상은 곧 모든 존재이다
—유마경

유마거사님 전 상서

유마거사님, 사월이네요. 바깥 풍경은 꽃비가 내리는 아름다운 날이지만 저 꽃비들이 그날에 진 아이들 같아서 마냥 좋지가 않습니다. 몇 해가 지났지만 사월은 쉽게 건너가지 못합니다. 생과 사의 경계에서 늘 허덕이는 중생입니다. 번뇌에서 벗어날 길은 어디에 있는 것일까요? 고작 몇몇의 경전을 읽었다고 해서 답을 얻을 수 있는 것은 아니었습니다. 정말 생이 있다고 하는 생각과 멸이 있다고 하는 생각이 생에 대한 집착과 멸에 대한 두려움을 발생시키는 것인가요.

　유마거사님은 저처럼 세속의 사람이었으니 좀 더 가까이 다가갈 수 있었습니다. 곧은 마음, 보리의 마음, 보시, 지계, 인욕, 정진, 지혜가 보살의 정토라고 하시며 마음을 조촐히 하라고 하셨습니다. 마음을 조촐하게 한다는 것은 어떻게 가능한 것인가요? 마음이 조촐해야 불국토에 있다는 거사님의 말씀을 믿으면서도 늘 갈애하는 중생은 마음을 조촐하기가 어렵습니다.

　불국토는 이상적인 것이 아니라 현실의 국토가 불국토이다. 현재 우리들이 살고 있는 이곳이 불국토라고 하신 말씀을 마음에 새깁니다. 새삼 모든 만물과 살아가고 있음을 깨닫습니다. 작은 바람에 미소가 지어지고 흔들리는 잎새가 제게 말을 걸어옵니다. 잎새도 바람도 경전임을 이제야 깨닫습니다. 얼굴에 열꽃이 올라 허덕이는 제게 바람만큼 좋은 존재가 없습니다. 바람이 없으면 어쩔 뻔 했을까요. 아찔합니다.

　거사님을 따라 마음을 청정하게 하려고 합니다. "직심直心, 심심深心, 보리심菩提心이 보살의 정토이고, 이 마음이 청정하면 불국토도 청정하다."고 하셨습니다. 마음을 청정하게 하는 것이 보살의 실천정신임을 알지만 그것을 아는 지혜가 모자랍니다. 제가 살고 있는 현실국토가 바로 정토인 이곳에서 보살이 되는 것. 모든 중생들이 바라는 바지만 쉽지 않은 길임을 알기에 거사님을 따라가 봅니다.

> 보살은 그 곧은 마음에 따라 수행을 일으키고, 그 수행을 일으킴에 따라 깊은 마음을 얻고, 그 깊은 마음에 따라 뜻이 조복하고, 뜻을 조복함에 따라 부처님 말씀 그대로 행하고, 부처님 말씀 그대로 행함에 따라 회향할 수 있고, 그 회향함에 따라 방편이 있고, 그 방편에 따라 중생을 성취하고 중생을 성취함에 따라 불국토가 조촐해지고, 불국토가 조촐해짐에 따라 그 마음이 조촐해지고, 그 마음이 조촐해짐에 따라 일체의 공덕이 조촐해진다.[1]

언어로 명명해 놓은 것들이 실제로 존재한다고 믿는 저와 같은 중생은 욕망이 지배하는 세계인 욕계에서 마음을 조촐히 하지 못합니다. 일체의 대중은 이전에 존재한 적이 없는 것을 찬탄하고서 모두 스스로 보석 연꽃에 앉아 있는 것을 보셨다고 하셨지요. 정말 그렇습니다. 그것이 환상인줄도 모르고 말입니다.

거사님은 어느 지위에 계시건 가장 존경을 받았습니다.

---

[1] 구마라즙 한역, 권서용 옮김, 『유마경』, 메타노이아, 2016, 34쪽.

탐욕과 집착을 끊고 아만심을 배제하신 거사님은 많은 중생들을 교화하셨습니다. 가엾은 중생들을 보호하고 불국토로 이끄시는 거사님을 존경합니다.

> 이 몸은 물방울이 모인 것과 같이, 손가락으로 집거나 손으로 만질 수 없는 것이다. 이 몸은 물거품과 같이, 오래도록 지속할 수 없는 것이다. 이 몸은 불꽃과 같이, 갈애로부터 생기는 것이다. 이 몸은 파초와 같이, 속에 견고함이 없는 것이다. 이 몸은 환영과 같이, 전도된 생각으로부터 일어난 것이다.[2]

우리의 몸은 고뇌가 되어 뭇병들이 모이는 것임을 알면서도 몸에서도 벗어나지 못하고 아파합니다. 고정된 것이 아니어서 반드시 죽을 수밖에 없는 몸, 이 몸은 닳아서 소멸할 수밖에 없음을 알면서도 온 몸에 치렁치렁 치장을 하고 몸에 좋은 것이라면 독사도 잡아먹는 어리석은 중생들입니다. 이 몸은 풀, 나무, 조약돌, 사금파리와 같은 감각이 없는 것이어서 바람의 힘으로 굴러가는 것과 같다고 하셨습니다. 이 몸에서 벗어나 부처님 법신을 얻어 일체의 병을 끊을 수 있을까요. 언제쯤이면 이 몸이 곧 공空임을 깨닫게 될까요.

---

[2] 앞의 책, 47-48쪽.

보살의 길, 방편 없는 지혜, 방편 있는 지혜

 유마거사님은 병을 얻으셨습니다. 거사님의 병은 꾀병임을 압니다. 거사님을 찾아오면 설법을 펴기 위한 것임을 알게 됐습니다. 세존께서 사리불, 대목건련, 마하가섭, 수보리, 부루나미다라니자, 가정연, 아나율, 우파리, 라후라, 아난에게 병문안을 가라고 하셨습니다. 그러나 모두 가지 못한다고 하셨습니다. 유마힐님의 지혜와 남을 설득하는 웅변의 재주가 이 모든 분들보다 훨씬 뛰어나셨기 때문에 자신들을 힐난하는 거사님을 뵙기가 꺼려지시기 때문입니다. 미륵보살, 광엄동자, 지세보살, 장자의 아들 선덕에게 병문안을 가라고 하셨습니다. 그러나 이 분들도 병문안을 갈 수 없다고 하셨습니다. 유마힐님의 설법을 들으시고 이미 아뇩다라삼먁삼보리의 마음을 내셨기 때문입니다. 드디어 문수사리님께서 병문안을 가시겠다고 하셨습니다. 비록 유마힐님은 악마들을 항복시키고 신통을 자유자재로 유희하고, 지혜 방편에 이미 바라밀을 얻으셨지만 부처님의 성스러운 가르침을 받들고자 문병 가셨습니다. 저도 모르게 미소를 지었습니다. 문수보살님과 함께 유마거사님의 설법을 들었습니다.

유마거사께서 병이 난 이유는 일체 중생 때문이었습니다. 형체도 없고 볼 수도 없는 그 병은 어리석음으로부터 애착을 둔 중생들 때문이었습니다. 자식이 아프면 부모도 아프듯이 거사께서는 중생들이 자식 같아서 몸도 마음도 병이 든 것이었습니다. 이 병은 몸과 마음의 결합 때문이 아니었습니다. 지·수·화·풍 사대가 결합한 몸은 분리되어 있고 마음은 환영과 같다고 하셨습니다. 부처님의 해탈 속에서 공을 구할 때 병이 낫는다고 하셨지요. 병든 중생들을 위해 항상 정진을 일으키며 중생들을 치료하시려는 거사님을 받듭니다.

자비 정신의 실천, 거사님은 중생과 고통을 함께하는 보살의 모습으로 현현하셨습니다. 즉 보살의 병은 보살의 자비에 의한 것이듯 번뇌에 싸인 중생들을 깨달음에로 인도하는 보살이셨습니다. 5무간죄, 지옥, 아귀, 축생의 3악도, 탐, 진, 치의 3독에 몸을 던지면서도 이에 속박됨이 없는 것, 보살의 길은 결국 번뇌와 고통에 아파하는 중생들의 곁에 있었습니다. 보살은 다른 존재, 다른 생명을 가진 존재들과 자신을 동일시하고, 주관과 객관의 분리와 가치 판단을 멈추고 다른 존재의 처지가 되어 그들과 느낌을 공유할 수 있는 정서적인 능력을 가지고 있는 사람이었습니다. 나와 남을 두 가지 다른 것으로 보는 차별적 생각을 지양하고, 그 두 가지가 다르지 않다는 불이不二의 평등한 관점을 요청하고 계십니다.

산에 올라 부처님을 뵈었습니다. 형형색색의 연꽃등을 바라보며 평정심을 가져보았습니다. 나라는 자아의식과 나의 것이라는 소유의식을 여의는 것, 인식대상으로서의 조건에 얽매이지 않는 것, 안과 밖도 없는 것인데, 평등을 얻는 길이 참 어렵습니다. 몸에 괴로움이 있을지라도 중생들을 위해 대비의 마음을 일으켜 그 병만을 제거하기 위해 그 마음을 조복하는 것이 참 힘듭니다. 내가 있음으로써 어떤 것을 성취했을 때 행복을 느끼는 중생들, 나에 대한 집착이 몸을 아프게 하고 나에 대한 의식이 강화되어 더 많은 행복을 추구하게 되는 어리석은 중생들, 이런 중생들로 병을 얻으신 거사님을 떠올렸습니다.

'방편 없는 지혜는 속박이요, 방편 있는 지혜는 해방입니다.'[3]는 유마거사님의 말씀을 기억합니다. 중생들 때문에 병이 든 거사님께 중요한 것은 지혜를 가지고 방편을 잘 쓰는 것이었습니다. 중생의 병 때문에 거사님도 병이

---

3) 앞의 책, 121쪽.

들었지만, 그럼에도 불구하고 생사 속에 남아서 중생을 돕고자 하는 분이 거사님이셨습니다. '우리 몸이 무상無常이며 고苦이며 공空이며 비아非我임을 관찰하는 것이 지혜라 합니다. 비록 몸에 병이 있어도 항상 생사에 머물러 있으면서 일체를 요익하되 싫증내거나 피로해 하지 않는 것, 이것을 이름 하여 방편이라 합니다. 또 다시 몸을 관찰하되 몸은 병을 떠나지 않고 병은 몸을 떠나지 않습니다. 이 병과 이 몸은 새로운 것도 아니고 옛 것도 아닌 것, 이것을 이름 하여 지혜라 합니다. 설령 몸에 병이 있다고 해도 길이 소멸하지 않는 것이 방편'4)이라는 말씀도 기억합니다.

내가 있다는 생각과 나의 것이라는 생각으로부터 벗어나는 일이 병을 벗어나는 길이었습니다. 둘로 분별하는 일을 벗어나 안과 밖으로 아무런 움직임이 일어나지 않아야 병으로부터 벗어날 수 있는 것이겠지요. 실체가 없는 것을 깨닫는 것, 개념으로만 존재하는 이런 것에서 병을 얻었으니 거사님의 설법을 자주 듣고 되새겨야 함을 새삼 다시 깨닫습니다. 불이不二임을 깨닫고 공의 인식으로 나아가라.

---

4) 앞의 책, 122-123쪽.

평등의 불이사상不二思想의 실천. 출가, 재가와 같은 이분법적 구분으로는 궁극적인 깨달음을 얻을 수 없겠지요. 궁극적 깨달음은 언어를 초월해 있었습니다. 보리와 번뇌가 둘이 아니고, 부처와 중생이 둘이 아니며, 정토와 예토가 둘이 아니라는 불이사상을 통해 절대 평등의 경지에 들어가야 깨달음을 성취할 수 있습니다. 실상의 진리는 형상이 없고, 생각할 수도 없고, 말할 수도 없는 공의 경지.

보살의 길, 행복과 불행은 다르지 않다

거사님께서 강조하신 '불이', 결국 행복이나 불행 그 자체에 집착하지 않고 평등한 시각을 가지는 것이 더 높은 차원에서 행복함을 느끼는 방법임을 알게 됐습니다. 번뇌를 버리고 열반에 드는 일이란 정말 어려운 일이듯 행복과 불행이 다르다고 보는 차별적 생각에서 벗어나는 길이 결국 불국토에서 살아가는 길임을 어리석은 중생은 깨닫습니다.

세속의 삶은 아무리 이뤄도 만족할 수 없는 삶이기에 수행의 삶, 비우고 버리는 삶으로 나아가야 하겠지요. 일상적 행복만을 추구하다 보면 결국 '나'라는 관점을 강화할 수밖에 없게 되겠지요. 너그럽게 다른 사람에게 베풀 줄 아는 보시, 계율을 지키는 지계, 어려움을 참는 인욕, 힘써 노력하는 정진, 수행에 힘쓰는 선정을 갖춘 사람이 되는 길이 결국 보살이 되는 길이었습니다.

 탐욕, 진애, 사견 등 여러 번뇌를 여의고 덕의 뿌리를 심도록 애쓰겠습니다. 중생들에게 모두 깨달음의 가능성이 열려 있음을 말씀하셨습니다. 유마거사님은 현실의 인간이 비록 번뇌를 가지고 악을 행하고 있더라도 궁극적으로는 깨달음을 이룰 수 있다고 말씀하셨습니다. 큰 바다 속 깊이 내려가지 않고서는 값으로 환산할 수 없는 보석 구슬을 얻을 수 없는 것과 같이 번뇌의 큰 바다를 들어가지 않고서는 일체의 지혜 보석을 얻을 수가 없겠지요. "일체의 번뇌가 곧 여래의 종성이다."라고 하시며 불법은 번뇌 가운데 나타난다고 하셨으니 번뇌에서 벗어날 길만 찾지 않겠습니다. "번뇌를 끊지 않고 열반에 드는 것을 좌선"이라고 하신 말씀을 명심하고 번뇌가 가득 찬 이대로 열반을 느끼고 실현할 수 있는 진정한 보살을 꿈꿔 봅니다.

공동 이익을 위하여

관계 맺는 우리

성령께서는 각 사람에게 각각 다른 은총의 선물을 주셨는데 그것은 공동 이익을 위한 것입니다. 어떤 사람은 성령에게서 지혜의 말씀을 받았고 어떤 사람은 같은 성령에게서 지식의 말씀을 받았으며 어떤 사람은 같은 성령에게서 믿음을 받았고 어떤 사람은 같은 성령에게서 병 고치는 능력을 선물로 받았습니다.
—〈고린도전서〉 12:12

고린도전서 제12장 12절에는 성령이 주신 은총의 선물에 대해 말씀하시면서 이 모든 능력은 공동의 이익을 위한 것이라고 못 박고 있다. 경전을 읽고 공부하면서 내가 공부한 철학의 사유와 다르지 않음을 알게 되었다. 공동 이익은 모든 인류를 너머 모든 존재자를 향할 때 빛나고 가치 있다. 여기서 인류는 가난하고 헐벗고 힘없고 장애를 가진 이들을 말한다. 하나님께서도 변변치 못한 부분을 더 귀중하게 여겨주셔서 몸의 조화를 이루게 해주셨다. 그래서 한 지체가 고통을 당하면 다른 모든 지체도 함께 아파해야 함은 당연하다.

눈이 손더러 "너는 나에게 소용이 없다."하고 말할 수도 없고 머리가 발더러 "너는 나에게 소용이 없다."하고 말할 수도 없다(12절). 또한 몸 가운데서 다른 것들보다 약하다고 여겨지는 부분이 오히려 더 요긴하다(12절). 왜냐하면 눈이든 손이든 머리든 이 모든 것은 공동 이익을 향해 있기 때문이다.

현대철학의 사유도 다르지 않다. 나 아닌 타자를 위한 삶이 진정한 삶이자 가치 있는 삶이다. 여기서 나 아닌 타자는 나와 관계한 모든 것을 제외한 타자이다. 내 가족, 내 집, 내 것이 아닌 모든 것이 타자인 셈이다. 철학자 레비나스에 의하면 '타자'는 내가 잘 모르는 다른 면모, 새로운 것을 가지고 나에게 다가오는 무엇이다. 우리의 삶은 유한하기 때문에 아무리 견고하더라도 예상하지 못하는 동안 나에게 넘어오는 다른 무엇이기에 막을 수 없다. 이

때 타자는 나에게 호소하고 명령하기에 안 들을 수는 있지만 도망갈 수 없기에 죽음처럼 막을 수 없다. 무한자가 곧 타자이다. 이 세계는 무한하고 '타자'도 무한하다.

종교라는 의미의 라틴어 'religio'는 관계 맺는다는 뜻이다. 종교는 나와 같은 '동일자(the same)'끼리와의 관계가 아니고 '타자(the other)'와의 관계이다. '타자'는 나와 다르지만 관계 맺지 않을 수가 없다. 이 세계는 무한한 타자들로 이루어져 있고 타자들과 관계 맺으며 살 수밖에 없는 존재가 인류이다. 레비나스에 의하면 타자는 우리에게 벌거벗은 얼굴로 나타난다고 하는데 그렇다면 이 얼굴로 현현하는 무한한 타자들을 어떻게 받아들일 것인가? 바로 무조건적인 환대이다. 타자는 낯선 존재이지만 항상 내 옆에 붙어 있기 때문에 내 이웃이다. 이런 이웃을 조건 따지며 환대한다면 진정한 환대라고 할 수 없다. 이 세계가 있기에 '나'라는 존재가 존재할 수 있듯이 타자를 환대해야 한다. 태양 아래 나의 자리는 없다. 나의 자리를 타자를 위해 기꺼이 내어주어야 한다. 공동의 이익을 위해서인 것이다. 존재성을 넘어서야 가능한 것이다.

공동의 이익을 위해 이와 같은 환대를 실천한다는 것은

매우 어려운 일이다. 예수, 부처, 성인이나 가능한 일인지도 모른다. 그러나 레비나스가 말한 대로 그럼에도 불구하고 우린 이에 응답해야 한다. 인간은 욕망하는 존재이기에 언제든 내 것을 지키려하고 차지하려 들 것이다. 그러나 그 욕망을 알아차리고 나 아닌 타자를 즐거이 받아들인다면 해답은 있다.

크리슈나의 외침

> 감각 세계와의 접촉은 쿤티의 아들이여, 차가움과 뜨거움, 즐거움과 괴로움을 일으킨다. 이들은 왔다가 사라지고 마는 무상한 것인즉, 그것들을 참고 견디어라, 바라타족의 자손이여. 이러한 것들에 동요되지 않고 괴로움과 즐거움을 평등하게 여기는 현명한 자는, 인간 황소(아르주나)여, 불사(不死)에 합당하기 때문이다. 존재하지 않는 것은 존재할 수 없고 존재하는 것은 없어질 수 없나니, 진리를 보는 자들은 이 둘의 차이를 보도다. (2장 14-16절)

『바가바드 기타』는 간디가 평생 삶의 지침서로 삼았던 고전이다. 2장 이론의 요가에 언급되어 있듯이 인간의 마음이란 끝없이 출렁이는 물과 같기 때문에 각종 욕망의 지배에서 벗어날 수 있는 방법을 알아채야 한다. 감각기관들이 대상들과 부단히 접촉하는 동안 여러 갈래로 각종 욕망과 충동에 흔들리며 갈피를 잡지 못하므로 마음과 지성으로 단단히 제어하고 고정시켜야만 한다. 그럼으로써 각종 욕망과 충동의 상태에서 벗어나 확고부동한 마음의 안정과 평화를 얻게 되는데 이러한 상태가 '제어된(yukta)' 상태이며, 이러한 상태에 있는 사람을 가장 이상적인 사람으로 간주한다.

끝없는 욕망에서 벗어나 마음의 평화를 얻고 무욕의 사람이 되는 길, 참 어려운 길이다. 더구나 이 길은 철학적 인간관이 전제되어 있지 않으면 불가능하다. 자아를 벗어나 참자아에 이르는 길이 욕망의 갈구에서, 악순환의 고리에서 평안을 얻는 길이다. 그럼으로써 보편적 자아를 깨닫게 되고 우주 만물에 편재하는 우주적 자아를 알아차리게 되며, 그것이 곧 브라만 그 자체이다. 크리슈나는 그리하여 적진에 포진한 친척들과 친구들, 옛 스승들을 보고 싸움을 거부하는 아르주나에게 나아가 싸우기를 끊임없이 종용하고 있는지도 모른다.

영원하고 불멸하며 측량할 수 없는 육신의 소유주가 지닌 이

몸들은 유한하다 말하나니, 그런즉 싸워라, 바라타족의 자손이여.(2장 18절)

크리슈나는 이어서 다음과 같이 말한다. '그(자아)는 불생이며 영원하고 항구적인 태고의 것이라 불멸하고 영원하여 죽일 수 없다. 그는 칼로도 베지 못하고 불로도 태우지 못하며, 물로도 적실 수 없고 바람으로도 말릴 수 없다. 그는 사유思惟될 수 없고 변할 수 없으므로 슬퍼해서는 안 된다. 또 자신의 의무를 생각해서라도 흔들려서는 안 된다. 그러므로 사람이 헌 옷을 벗어 버리고 다른 새 옷을 입는 것처럼, 육신의 소유주도 낡은 몸들을 던져 버리고 다른 새로운 몸들로 가야 한다. 이 의무에 따른 싸움을 수행하지 않는다면, 자신에게 악을 초래할 것이다(2장 19-33).'

악을 초래할 수 없었던 아르주나는 크리슈나의 외침에 복종한다. 힌두교와 불교에 관심을 가졌던 시몬 베유(Simone Weil)는 복종이라는 최고의 명령에 대한 설명을 소설 『신을 기다리며』(Waiting for God)에서 잘 언급하고 있다. 인간은 중력을 피할 수 없듯이 잃어버림(loss)을 피해갈 수 없다는 것이 베유의 사상이다. 우리는 어떤 법에 복종해야 하느냐 마느냐를 선택할 수 없다. 단지 우리가 복종하기를 원하느냐 안하느냐 차이일 뿐이다.

'모든 욕망을 던져 버리고 아무런 갈망 없이 행하는 사람, 내 것과 나라는 생각이 없는 자는 평안에 이르나니, 이것이 브라만(신)의 경지이다(2장 71-72).' 끔찍한 행위를 명하는 크리슈나는 다시 말한다. '인간은 결코 한순간도 행위를 하지 않고 있을 수 없기 때문에 의근(마음)으로 감각기관들을 제어하면서, 행위의 기관들로 집착 없이 그대에게 부과된 행위를 하라(3장 5-8).'

인간은 세계에 태어났으니 주어진 그 업을 행해야 마땅하다. 지고의 선에 도달하는 길이 결국은 제어된 가운데 행하면서 모든 행위를 즐기는 것에 있다. 마지못해 하는 행위는 즐길 수 없다. 타자를 즐거이 받아들일 수 없다. 크리슈나는 욕망의 형태를 지닌 정복하기 어려운 적을 쳐부수고 가슴에 있는 이 의심을 지혜의 검으로 베어 버리고 행위의 요가에 의지해 일어서면 지고선에 이른다고 거듭 강조한다. 즉, 타자를 즐거이 받아들일 수 있으며, 기꺼이 환대할 수 있다.

어리석은 자들은 이론과 실천이 다르다고 말하나 현명한 자들은 그렇지 않다. 하나만이라도 올바르게 따르면 둘의 결과를 얻는다. 이론에 의해 도달된 경지는 실천에 의해서도 도달된다. 이론과 실천은 하나이니, 보는 자는 보도다. …(중략)… 요가로 제어되어 정결해진 자, 감각기관을 정복하여 자신을 이긴 자, 모든 존재의 자아가 된 자는 행위를 해도 더럽혀지지 않는다.(5장 4-7)

연꽃잎이 물에 더럽혀지지 않듯이 자신을 이기고 행위를 하는 자는 악에 더럽혀질 수가 없고, '다양한 물들이 바다에 흘러가도, 바다는 요동치지 않고, 가득하다. 이처럼 완성된 인간은 여러 가지 욕망이 맘에 들어와도 맘이 고요하다'. 에고를 극복하고 참나를 얻는 길은 자기에 의해 자기가 극복된 사람이다. 자기를 극복한 사람은 공동 이익을 위해 능력을 발휘할 수 있고 기꺼이 그곳에서 무한한 행복을 쉽게 얻는다.

아르주나는 크리슈나의 설득에 정신을 차리고 확고히 자기를 바로 세워 크리슈나의 말씀을 행하기로 결정한다. 아르주나는 그곳에 행운과 승리와 번영과 확고한 질서가 있다고 생각한 것이다. 영성은 자신 바깥의 큰 힘에 믿음을 표하는 것을 말하는 것인데, 이것은 결국은 영혼의 문

제이고 나아가 윤회와 연결되어 있으며 믿음이나 기도와 같은 행위를 내용으로 한다.[1]

무관심하지 않고 방치하지 않는 것

『바가바드 기타』는 짧은 반야심경과는 달리 700개의 시구로 우주관이나 인간의 도덕, 행위에 대한 상당히 자세하고 많은 가르침이 적혀 있다. 그 결과, 많은 사람들의 호기심을 발동시키기도 하고, 끝없는 연구와 논쟁은 지금도 이어지고 있다. 인간이 존재하는 한 인간본성이 존재할 것이고, 그리하여 인간이 무엇인가, 어떻게 살아야 하는가 하는 질문이 있을 수밖에 없다. 그러나 분명한 건 크리슈나의 가르침은 정도에서 크게 벗어나지 않는 것이다. 그 정도란 결과에 연연하지 않는 삶이다.

아르주나는 전쟁에 임하면서 이기면 영웅이 되겠다는 생각을 버리고 의무로 전쟁에 임한다. 아르주나는 결과에 연연하지 않는 행동으로 전쟁터로 나아갔다. 그러나 모든

---

[1] 윤회는 티벳의 『사자의 서』(Book of the Dead)나 『바가바드 기타』에 표현되어 있다.

행위에서 이런 연연함과 연연하지 않음을 구분하기란 쉽지 않다. 그리하여 영웅심리가 어우러진 현실 즉 고통의 세계와 연연하지 않는 마음의 상태 즉 평안의 세계는 구분할 수 없다는 것이다. 아르주나는 전쟁터의 고통에서 의무를 다하고 우주의 질서를 지키는 관계를, 뭔가를 잃어버리면서 더 나은 것을 이룬 것이다. 즉 공동의 이익을 위해 실천하고 행동할 수밖에 없었던 것이다.

시몬 베유는 평생 그리스도의 사랑을 실천하면서도, 신비체험을 한 후 세례를 받지 않았다. 시몬 베유는 교회에 들어가 정신적 안락을 구할 수 없었다. 교회 바깥에 있는 수없이 많은 어려운 이들을 외면할 수 없었던 것이다. 시몬 베유의 사랑의 실천 방식이었다. 크리슈나가 아르주나에게 종용한 실천적 행동 또한 아르주나와 늘 함께 했고 안락을 추구했던 이들과 싸우라는 것이다.

공동 이익을 위해 내게 주어진 능력은 무엇일까. 어떻게 사는 것이 가치 있는 삶일까. 타자를 위한 실천하는 삶은 어떻게 가능할까. 이에 대한 응답은 지금 내가 있는 자리에서 내가 할 수 있는 일을 하는 것이다. 내일로 미루지 않고 내가 지금 당장 할 수 있는 일을 실행하는 것이다.

'모든 의무를 버려라. 그냥 나에게 와라. 구원하리라'(18장). 크리슈나의 외침이 귀에서 떠나지 않는다. 무관심하지 않고 방치하지 않고 관심을 갖고 실천하는 삶이 중요하다. 그러면 모두가 구원되리니.

'여물위춘'與物爲春, 우리는 모두 관계 맺고 있다. 만물과 우리는 하나다. 모든 존재자들과 더불어서 생명의 봄을 이루는 것이 세상의 이치다. 모든 존재와 함께 사는 것, 공동의 이익을 위해 함께 의무를 다하자. 그대가 있어 봄도 있다.

진리의 보편성과 차이들의 횡단
— 알랭 바디우, 『사도 바울』에 기대어

왜 사도 바울인가

거대한 자본은 예술과 일상의 잠식을 넘어 우리의 신체와 의식 자체가 되어버린 이때 하이데거가 새롭게 열어 밝힌 진리의 가치는 중요하다. 진리가 실체로서 영원히 지속되어 총알로도 꿰뚫을 수 없다면 우리의 삶에 대한 사유의 근본적인 전환은 불가능할지도 모른다. 진리는 실체로서 영원히 지속되는 것이 아니라 매 순간마다 새로 해석해야 하는 사건으로서 나타난다. 진리는 언제나 이미 존재하지만 진리로 열어 밝혀지기 위해서는 현존재에 의해 거기에 있음으로부터 새로 해석해야 하는 것이다. 즉 진리는 바깥을 보며 나아가야 하지만 나의 시간과 공간에서 새로 해석해야 하는 것이다. 알랭 바디우는 사도 바울을 소

환하여 하이데거의 진리에 대한 교훈을 새롭게 받아들이고 해석한다.[1]

바디우에 의하면 바울은 사건의 사상가=시인인 동시에 투사로서 이러한 한결같은 특징들을 실천하고 진술하는 사람이다. "그는 단절과 전복에 대한 일반적 관념과 그러한 단절의 주체적 물질성인 사유=실천의 관념이 어떻게 온전히 인간적으로 결합되는가"하고 바디우는 『사도 바울:'제국'에 맞서는 보편주의 윤리를 찾아서』 서문에 시작하며 자신을 매혹시키는 건 그러한 인간적 결합의 운명임을 제시한다.

사도 바울은 바디우로 인해 처음으로 많은 기독교적 해석으로부터 벗어나서 마침내 마르크스주의와 연결돼 혁명적 주체로서 새롭게 등장하게 된다. 레닌이 혁명가로서 활동을 한 것처럼 사도 바울 역시도 이러한 혁명을 이끌었던 혁명적 주체로서 비유될 수 있다. 현대에 다시 등장한 혁명적 주체로서의 바울, 이게 바로 알랭 바디우의 의도라고 할 수 있다. 왜냐하면 지금 사방에서 20세기 초 레닌

---

[1] 알랭 바디우의 영향을 받아서 아감벤(『남겨진 시간: 로마서에 대한 주해』)과 지젝(『죽은 신을 위하여』)이 각각 2000년, 2003년 바울에 대한 책을 출간했다. 니체와 막스에게서 주제가 예수였다면 오늘날 바디우와 아감벤, 지젝의 시대에는 바울마저 교회의 제도로부터 분리시킨다.

과 볼셰비키에 의해 확립된 투사의 모습을 뒤이을 새로운 투사의 모습을 찾으려고 하는 노력이 전개되고 있기 때문이다. 바울을 우리의 동시대인으로서의 투사로 불러내고 있는 것이다.

바울은 반反 철학의 주요 인물이었다. 바울은 예수의 삶의 진리를 도그마해 많은 비판을 받아왔다. 바울은 기존 질서를 옹호하는 교회를 설립하고 제도화했다는 이유로 니체, 리오타르 등의 철학자들에게 비난의 화살을 받아온 것이 사실이다. 바디우는 니체의 이러한 해석과는 다른 방식으로 바울을 해석한다. 오히려 교회가 바울을 제도화시켜 교회의 부를 획득하는 데에 언제나 이용되면서 해석되어 왔다는 것이다. 바디우는 사도 바울을 교회로부터 분리시켜 구원해냄으로써 자신의 철학적 주제에 바울을 위치시키는 독특한 해석을 내놓는다. 바울은 교회의 제도를 세운 사람이지만 그래도 바울만큼은 철학적인 혁명적 주체와 일치하는 인물로 그려내고 있는 것이다. 예수와 바울의 관계를 마르크스와 레닌의 관계에서 읽어내고 있는 것이다.

그러면 왜 바울일까? 어떻게 보면 교회, 도덕적 규율,

사회적 보수주의 등의 가장 제도적이고 가장 폐쇄적인 측면들과 결부되어 있는 이 '사도'가 왜 필요한 것일까? 바디우의 물음에서부터 따라가 보자. 바디우는 그의 텍스트들과 분리 불가능하게 결합되어 있는 것처럼 보이는 그리스도교 신앙이라는 장치를 이용하겠다고 선언한다. 바울에겐 바로 '예수가 부활했다'는 사건이 하나의 진술로 환원되었기 때문이다. 바로 바울이 보여준 전대미문의 몸짓은 공동체(민족, 도시, 제국, 계급 등)가 장악하고 있던 진리를 그로부터 벗어나도록 한 데 있다.

예수의 부활, 사건이 되다

'자본의 탈영토화는 지속적인 재영토화를 필요로 한다'[2])는 들뢰즈의 말처럼 자본은 자신의 운동 원리로 하여금 자본의 실행 공간을 동질화하도록 하기 위해 주체적·토적 정체성들의 끊임없는 창조를 요구한다. 게다가 그러

---

2) 들뢰즈와 가타리의 철학에서 탈영토화와 재영토화는 중요한 개념으로, 이들은 자본주의가 지속적으로 변화하고 새로운 형태를 취하면서도 결국에는 새로운 규범과 구조를 만들어내는 과정을 설명하는 데 사용된다.

한 정체성들은 시장이 지닌 천편일률적인 특권들에 대해 다른 것들과 똑같은 방식으로 노출될 권리만을 요구할 수 있을 뿐이다. 일반적 등가라는 자본주의 논리와 공동체들이나 소수 집단들의 정체성적·문화적 논리는 유기적으로 접합된 하나의 총체를 형성한다. 이러한 유기적 접합은 모든 진리 과정에 대하여 구속적이다. 그것은 유기적으로 진리 없이 존재한다.

자본은 지속적으로 새로운 영역으로 확장하면서도(탈영토화), 그 영역 내에서 안정적으로 자리 잡아야 한다(재영토화). 이 과정은 자본이 어떻게 전 세계적으로 연결되어 있는지를 보여준다. 자본의 탈영토화와 재영토화는 글로벌 경제에서 중요한 역할을 하지만 여러 문제점을 내포하고 있다. 이로 인해 발생하는 주요 문제점들은 경제적 불평등의 심화, 노동 시장의 불안정, 문화적 동질화, 탈영토화는 환경 규제가 덜 엄격한 지역으로의 기업 이전을 유도할 수 있으며, 이는 환경 파괴와 오염 문제를 악화시킬 수 있다. 자본의 이동은 국가의 정치적 영향력에 영향을 미칠 수 있으며, 때로는 국가 주권에 대한 도전이 될 수도 있다.

가라타니 고진은 자본주의 사회에서 경제 위기와 혁명이 반복되는 이유를 탐구하며, 이를 역사적 반복의 구조로 설명한다. 그는 마르크스의 관점을 인용하여 자본주의의 위기가 주기적으로 발생하고, 이러한 위기가 자본주의 체계를 더욱 공고화하는 방식으로 반복 된다3)고 주장한다. 고진의 주장이 틀리지 않듯이 자본의 추상적 동질성과 정체성 요구들은 서로를 지탱해주는 거울 관계 속에서 누가 더 우월성을 유지해줄 것인지 능력자들과 조우하게 되었다. 이 모든 것들과 단절하는 가운데 우리의 질문이 필요하다. 바로 이 지점에서 바디우는 바울을 소환하고 있는 것이다. 보편적 개별성의 조건은 무엇인가?

바울은 타르수스의 유복한 가정에서 태어난다. 바울의 아버지는 천막을 만드는 장인으로 로마 시민권자다. 바울은 순수 히브리인으로 태어난 지 8일 만에 할례를 받는다. 바울은 예수와 동시대의 인물로 유대교와 유대 전통에 정통했으며, 매우 엄격하게 랍비 교육을 받은 철저한 바리새인이고 유대교를 신봉한 광적인 신자였다. 그리고 유대교 내에서도 실력과 야망을 겸비한 젊은 지도자로 촉망받

---

3) 가라타니 고진, 자본주의 사회에서 경제 위기와 혁명이 반복되는 이유, 「반복과 혁명」, readelight tistory.com, 2024, 참조.

고 있었으며 누구보다 그리스도교인을 박해하는 데 앞장섰다. 그리스도교도들은 정통파 유대인들에 의해 이단으로 여겨지고 있었으며, 그 결과 법적으로 처벌받고 또한 구타당하거나 돌에 맞거나 추방당하기 일쑤로 각각의 정도는 권력 투쟁의 양상에 따라 달랐다.

바울은 예루살렘의 그리스도교를 핍박하는데 그치지 않고 다마스쿠스 성도들을 체포하기 위해 대제사장의 공문을 받아 다마스쿠스로 가게 된다. 그런데 가는 길에 신비스러운 목소리를 듣게 된다. 밝은 대낮, 정오였다. "바울아 바울아 너는 왜 나를 박해하느냐?" 니체가 진정한 사건들은 비둘기의 발걸음으로 다가오며, 가장 커다란 정적의 순간에 불쑥 찾아온다고 했던가! 바울은 순간 아무것도 보지 못하게 되고 그렇게도 핍박하던 부활한 예수 앞에 무너진다. 바울은 그렇게 고꾸라져 환상 속에서 예수의 목소리를 듣고 예수가 부활하여 살아있다는 것을 알고 개종하게 된다. 그리고 이방인을 위한 사도로서의 사명을 부여받게 된다. 바울은 다마스쿠스에서 세례를 받고 성령의 충만함을 받아 시력을 회복하게 되면서 기독교를 전파하게 된다. 바울의 선교 여행 시작이었다.

바울의 선교 여행은 예루살렘이 아니었다. 예루살렘에는 권위자들, 제도상의 사도들, 그리스도를 개인적으로 아는 사람들이 있는 곳이었다. 바울은 스스로의 눈에 자기를 사도로 세우고 있는 사건을 '확인' 받으러 가지 않는다. 후에 바울이 안디옥에서 머무는 동안 발생한 베드로와의 갈등은 이러한 신념을 가진 바울에게 어쩌면 당연한 일인지도 모른다. 역사적 사도들의 핵심부였던 베드로와 의견이 달랐던 바울은 베드로의 행동이 복음의 진리에 반하며, 그리스도가 가져온 새로운 관계의 자유를 부정하는 것이라고 말한다. 그리고 베드로에 의해 잘못된 길에 들어선 바나바와도 관계를 끊는다. 원칙에의 충실성이 문제될 때 바울이 어떤 타협도 거부하고 있음을 볼 수 있다. 바울은 모든 그리스도인이 유대인의 율법을 따를 필요가 없으며, 이방인 그리스도인들도 그리스도의 은혜로 구원받을 수 있다고 강조했다.

바울의 선교 여행의 첫 시작은 아라비아였다. 부활이라는 비인격적 사건을 선언할 근거를 가진 인간으로서 자신을 단단히 무장하고서 떠난 선교 여행이었다. 개인적으로 자기를 주체-되기로 소환했던 목소리의 권위 이외의 모든 권위를 버리고 바울은 복음을 선언하기 위해, 일어난 일이 정말 일어났음을 알리기 위해 아라비아로 떠나 3년 동안 머문다. 예루살렘으로 돌아온 바울은 베드로와 사도들을 만나고 다시 시리아로, 터키로, 마케도니아로, 실리시아로, 그리스로 14년 동안 두 번째의 투사 여행을 시작한다. 이러한 바울의 행동은 중심을 결여한 탈중심적 차원으로의 실천적 운동이다. 모든 진정한 보편성은 중심을 벗어난 실천적 하부구조에서 일어난다.

바디우에 의하면 '예수의 부활'은 개시 사건이다. 바디우의 철학적 개념, 존재와 사건의 사건(Événement)이다. 부활 사건, 바디우에 의하면 사건을 통해 진리와 주체가 태어나게 된다. 다마스쿠스로 가는 길에 우연적인 개입에 의해 불러내어진 것은 '내가 됨' 그 자체였다. "나는 하나님의 은총으로 오늘의 내가 되었습니다"(〈고린도전서〉, 15장 10절). 신비스러운 목소리를 듣고 진리와 소명에 눈을 뜨게 된 주체, "누가 말하는가"라는 질문에 대한 명확한 대답을 갖고 진리를 주장한 주체.

바울의 일반적 방식은 이렇다. 어떤 사건이 있고, 진리란 그것을 선언하고 그런 다음 그러한 선언에 충실한 데 있다면 두 가지 결과가 따른다. 먼저 진리는 사건적인 것, 즉 도래하는 것에 속하는 것으로서, 이때 진리는 공리적인 것, 구조적인 것, 법적인 것이 아니라 개별적이다. 다음으로 진리란 본질적으로 주체적인 그러한 선언의 토대에 기입되기 때문에 이미 구성된 어떤 부분 집합도 진리를 짊어질 수 없다. 진리는 어떤 정체성에도 기대지 않으며, 어떤 정체성도 형성하지 않는다. 진리는 모두에게 제공되고 말 건네진다. 어떤 귀속 조건도 이러한 제공과 말 건넴을 제한할 수 없다.

바울에게 그리스도라는 사건은 율법에 이질적인 것이자 모든 규정들 위로 넘쳐흐르는 순수한 범람이고, 개념도 적절한 의례도 없는 은총이다. 실재는 더 이상 자기 자신의 자리로 오거나 돌아오는 것(그리스적 담론)이 아닌 것과 마찬가지로 선별적인 예외에 의해 초시간적인 율법으로서 석판에 문자로 쓰여질 수 있는 것(유대 담론)일 수도 없다. 자리들의 체제와 총체성을 폐절함으로써 '설교의 어리석음'은 우리를 그리스의 지혜로부터 벗어나게 해줄 것이다. 또 계율의 준수와 의례들을 폐절함으로써 우리를 유대 율법으로부터 벗어나게 해줄 것이다. 순수한 사건은 자연이라는 전체와도, 문자라는 정언명령과도 화해할 수 없다.[4]

---

4) 알랭 바디우, 현성환 옮김, 『사도 바울: '제국'에 맞서는 보편주의 윤리를 찾아서』, 새물결, 112쪽.

사건은 언어를 막다른 골목에 이르게 하는 실재의 지점과도 같다. 실재를 순수한 사건으로 여기는 바울에게 더 이상 사유를 위한 중요한 차이의 패러다임을 제시하지 못한다. 바로 이것이 바울의 보편주의적 확신에 숨어 있는 원동력이다. 바울은 사건을 통해서 나타난 진리를 붙잡게 된다. 바울은 진리(vérité)를 붙잡고 자기 자신만의 독특한 결단을 내리게 된다. 바울에게 개종은 어느 누구에 의해 이루어진 것이 아니었다. 분명히 길 위에서의 우연한 만남이다. 부활은 전혀 예상할 수 없는 것이며, 바로 그것으로부터 시작해야 하는 것이듯 바울의 믿음은 바로 그가 주체로서 출발하는 지점으로, 어떤 것도 그를 그러한 지점으로 이끌고 가지 않았다. 길이라는 익명성 안에서 순수하게 '도래한 사건'이었다. 이 사건은 바울 본인 안에서 일어난 주체의 다시 일어남(부활)이다.

부활은 재생, 재활, 소생, 다시 태어남, 다시 살아남, 환생, 이런 게 아니다. '들어올림'이고 무덤의 수평성과 직각을 이루는 수직성으로서의 '들림' 혹은 '일으켜 세움'인 것이다. 그것은 죽음에서 어떤 삶의 진리를 일으켜 세우는 것이다. 그 진리는 죽은 생명은 물질의 부스러기들로 흩어진다는 뜻에서의 수평적 범주에서는 측정할 수 없는 진리이며 따라서 또한, 또 다른 생명으로의 이주를 가리키는 어떤 표상으로도 측정할 수 없는 진리이다. 부활과 함께, 더 이상 유령들의 왕국에서 살고 있는 죽음은 없으며, 레테강 근처에서 방황하는 고통 받는 영혼도 없다.5)

진리에 개입하다

바울에게 예수의 부활은 주체 자신으로부터 발원하는 게 아니라, 타자로부터 발원한다. 그것은 타자로부터 그에게로 온다. 타자가 죽은 내 안에서 일어서고 부활하는 것이다. 주체는 사건을 통하여 일어난다. 그 사건을 역사 속에서 특정한 상황 속에 맥락화시키려고 하는 과정에서 개입이 일어난다. 이 개입에서 마침내 혁명적 주체가 태어난다. 이러한 혁명적 주체는 끊임없이 탐구와 조사를 통해 시대의 랑그에 저항하고 국가 권력에 저항하며 기존 질서에 포섭된 다수에 저항한다. 바울의 텍스트는 이러한

---

5) 장-뤽 낭시, 이만형·정과리 옮김, 『나를 만지지 마라』, 문학과지성사, 2015, 37-38쪽.

개입이다.

바울은 도래한 사건에서 진리를 깨닫게 되고, 진리를 국가와 제국의 상황 속에 자리매김하려고 한다. 개시 사건을 통하여 개입을 시작한다. 바울이 직접 쓴 서한들이 그것들이다. 이 서한들은 소규모의 개종자 집단에게 보낸 투쟁적 문건들로 복음서와 같은 방식의 이야기도, 후일 교회의 교부들이 쓰게 되는 이론적인 논설들도, 요한의 묵시록과 같은 예언서도 아니다. 모든 것은 단 하나의 지점으로 귀착된다. 그리스도가 십자가에서 죽었고, 그런 다음 부활했다는 것 외에 다른 모든 것들은 아무런 현실적 중요성도 없다는 것이다.

바디우는 말한다. 바울의 텍스트는 "문제의 논증과 제한, 그리고 사유의 본질적 핵심을 끌어내는 강력한 힘이다. 그 결과 비유들도, 현학적 모호함도, 주관적 우유부단함이나 진리의 은폐도 찾아볼 수 없다. 믿음의 역설은 있는 그대로 드러나야 하며, 산문에 의해 근본적으로 새로운 빛 속에서 조명되어야 한다."[6] 바울 사도의 텍스트는 레닌의 혁명과도 같다. 기존 질서에 저항하지 않고 오히려 안락을 추구하는 부패한 교회와 교인들을 향한 혁명의

---

6) 알랭 바디우, 앞의 책, 69쪽.

텍스트. 끊임없는 실천을 통하여 진리를 상황 속에 강요하기 위한 텍스트다.

바울은 개입을 시작함으로써 불특정 다수에게로 향한다. 주체는 진리와 진리 사건을 통해서 연결되고, 사건의 진리를 통해 태어나는 주체는 개별성(singularité)과 관계된다. 개별성이 다양한 주체들로 나타나면서 비일관적 다수가 참여하게 되며, 나중엔 국가의 상황 속에서 인정받게 되면서 국가의 지식체계에서 통용되는 진리로 자리매김하게 된다. 그러나 이 진리는 제도화되었을 때 죽어버릴 수 있다. 언제나 개별성을 통해 관계 맺는 사건의 진리가 이제는 한 사람의 결단을 통해, 즉 개입을 통해 확장되어 나가면서 로마가 뒤집어진다. 문제는 로마가 뒤집어지고 나서다. 뒤집어지면 도그마 되어 버린다. 종교가 정치이데올로기로서 이용된다. 레닌을 이용해 스탈린이 도그마한 것처럼 교회는 바울을 이용해 도그마했다.

바디우는 언급한다. 바울의 설교 속에는 지옥에 대한 어떠한 언급도 없으며, 결코 공포에 호소하지 않고 항상 용기에 호소한다. "죽음을 삼키고서 승리를 얻는", "죽음아, 너의 승리가 어디에 있느냐?"(〈고린도전서〉, 15:54-

55), 죽음과 부정성의 지배에 맞서 삶에 대한 절대적인 긍정을 사건적으로 도래시킨다. 부활은 죽음의 힘(권능) 밖으로 갑자기 돌발하는 것이지 죽음에 대한 부정을 통해 이루어지는 것이 아니다. 바울의 사유는 부활 속에서 육화를 파기한다.[7]

바울은 진리를 위하여 베드로와는 다른 길을 간다. 베드로는 유대인을 위한 예수의 공동체를 원했고 유대교 정통에서 나타난 종교적 의례들을 기독교 전통 안에서 지켜야 한다는 연속성을 강조했지만, 바울은 진리를 개별적 차이에 의해서도 환원되지 않는 보편주의를 갖고 온다. 보편주의, 이 진리는 할례 받은 자나 그렇지 않은 자나, 귀족이나 노예나, 로마인이나 유대인이나 할 것 없이 어떠한 차별도 넘어서는 것이다.

> 선한 일을 하는 모든 사람에게는, 먼저 유대 사람을 비롯하여 그리스 사람에게 이르기까지, 영광과 존귀와 평강이 있을 것입니다. 하나님께서는 사람을 차별함이 없이 대하시기 때문입니다. (〈로마서〉, 2:10-11)

중요한 것은 유대인에게 제한된 진리가 아니다. "유대

---

[7] 알랭 바디우, 앞의 책, 139-144쪽.

사람도 그리스 사람도 없으며, 종도 자유인도 없으며, 남자와 여자가 없습니다"(「갈라디아서」, 3장 28절). 진리는 보편성을 갖고 있는 것이다. 스스로를 세계 속에 실존케 하는 진리의 힘은 이 진리의 보편성과 동일하고, 이 보편성의 주체적 형태는 바울이 말하는 사랑의 이름 아래 그러한 보편성이 그리스 사람이든 유대 사람이든, 남자든 여자든, 자유인이든 노예든 모든 다른 이들에게 끊임없이 말 건네지는 것이라고 해도 과언이 아니다.

그리스도교의 최초의 사건, 이 복음을 전파하기 위해 개별성의 희생이 어디에 존재하는가. 이러한 진리는 언제나 보편주의를 갖는다. 개인의 개별성을 침해하거나 억압하지 않으면서 복음의 진리의 자유 안에서 이 보편성은 개인의 힘이나 권위를 넘어서있는 보편주의로 존재하게 된다. 보편적 개별성. 그리고 보편성 자체는 차이들 안에서, 마치 악기들의 음색이 각각 다른 소리를 내듯이, 참됨의 선율을 이루는 식별 가능한 단성성(univocite)을 마련해준다.

보편주의는 거기를 토대로 해서 장소적 한계를 넘어서, 시리아를 넘어서 로마제국을 넘어서 유럽을 넘어서 아시아로까지 퍼져 나갔다. 이러한 보편주의는 진리와 연결돼 있다. 진리는 바울과 같은 혁명적 주체, 즉 언제나 개별적 주체를 통해, 국가에 포섭되지 않는 비일관적 주체들의 실천운동을 통해서 역사화 된다. 진리는 주체들을 통해 끊임없이 개인의 개별성의 한계를 넘어 개별성을 존중하고 자유로움을 주면서, 이 모든 것들을 넘어서 공유할 수 있는 보편주의로 나아가게 되었다.

우리는 진리를 거슬러서는 아무것도 할 수 없고 오직 진리를 위해서 무언가를 할 수 있습니다(〈고린도후서〉, 13:8). 진리의 주체적 과정은 그러한 진리에 대한 사랑과 동일한 것이며, 사랑의 전투적 실재는 그와 같은 진리를 구성하는 모두에 대한 말 건넴이다. 이로써 보편주의의 토대가 확립되는 것이다. 차별을 넘어서는 보편주의(universelle), 즉 차별 없는 평등이다.

바울은 이러한 진리를 퍼뜨리고 실천적 행위를 통하여 이 사건에 충성심을 갖고 이 사건을 로마제국이라는 거대한 국가적 상황에 재맥락화시키기 위하여 교회를 조직하고 편지를 쓴다. 바울은 어떤 특권층도 인정하지 않았다. 교회의 제도화, 제국의 정치와 결합된 교회의 제도는 거부한다. 비록 핍박받을지라도 물신을 숭배하지 않고 어떤 자본주의적 보상도 받지 않았다. 오늘날 성직자와 같이 직함을 이용하여 타협하지 않았다. 바울은 개시 사건의 진리를 끝까지 안고 권위자의 특권은 더 거부하며 어떤 것과도 타협하지 않는다. 진리를 퍼뜨리고 실천적 행위를 통해 확장시키고 그것을 상황 안에 접목시키기 위하여 투쟁한다. 로마제국이라는 거대한 국가의 담론 체계와 구분하여 지속적인 탐구를 통해서 로마제국 곳곳에 뿌린다. 바울은 거대한 국가체계에 맞선 혁명적 투사였다. 결국 바울은 순교 당한다.

빛의 갑옷을 입고

바울의 서한들은 해방의 텍스트였다. 기존 질서에 몸담고 교회 질서를 섬기는 모든 이에게 좋은 텍스트가 된다. 바울은 자기 자신에게도 어떤 타자에게도 특권을 주지 않았다. 바울의 삶의 관심은 다마스커스의 개시 사건을 잊지 않고 부활했다는 도무지 믿을 수 없는 사건에 있었다. 받아들일 수 없는 사건을 붙잡고 그것에 개입함으로써 자신의 모든 삶을 바치고 '죽기까지' 그 사건에 충실했다. 복음의 진리를 소중히 여겨 성 차별, 인종 차별을 넘어서서 베드로와는 다르게 진리의 보편주의를 주장했다. 언제나 복음의 진리는 차별을 넘어선다. 어떤 특권에게도 귀속되지 않는다. 정치 이데올로기에 의해 진리가 정치화되면 그 힘은 야성을 잃어버리고 만다.

바디우는 바울을 교회 제도와 분리시켜서 건져낸다. 교회의 출발점에 엄청난 영향을 미쳤던 바울의 모습을 그의 혁명적 운동에서 찾고 있다. 교회는 바울을 제도화시켜 교회의 부를 획득하는 데 이용했다. 바디우의 바울을 향한 근본적인 사유에는 자본주의와의 투쟁이 있다. 기존 질서에 대한 자본주의의 힘에 저항하는 투쟁. 바울은 교회와 더불어 비판받았지만 바디우는 이 사건의 진리를 일관적 다수들에게 전하기 위해 바울을 소환한 것이다.

예도 박충일이 지적하듯 그리스도교의 출발점은 혁명적이었다. 오늘날의 안일한 종교가 아니었다. 자신의 모든 것을 희생해서라도 그 진리 사건을 붙잡고 신의 나라를 현실 정치 안에서 관철시키기 위해 끊임없는 탐구를 통해 나아갔다. 오늘날의 안일한 종교, 마약을 주는 종교가 아닌 예수의 정신을 믿고 실천하는 바울 사도의 혁명성이 바디우에게서 나타난다. 예수라는 독특한 우상화를 통해 자기 목적론으로부터 교회의 비리로부터 바울을 구해낸다. 바울은 혁명적 주체로서 나타나고 있다. 혁명적 주체로서의 바울, 이 바울이 어떻게 자본주의와 결탁한 값싼 종교와 동일화 되겠는가.

그리스도 초대 교회의 이런 투사들 이런 혁명적 주체들은 어떤 자도 자본주의가 주는 그 엄청난 안락을 누리는 자가 없었다. 바울은 믿음을 갖고 있었다. 확신을 갖고 있었다. 바울의 삶은 안락함에 있지 않았다. 진리 사건을 위해 일평생을 걸었다. 진리를 모르지만 믿음을 갖고 상황화 되리라는 신념 속에서 행동할 뿐이다. 그 주체가 바울이다. 비일관적 주체들과 비일관적 다수가 나타나서 마침내 이 진리를 확신한 것이다.

진리는 결코 비판과는 무관하다. 진리는 오직 스스로에 의해서만 지탱되고, 초월적이지도 실체적이지도 않으며, 관건이 되는 진리의 투사로서만 규정되는 새로운 유형의 주체와 관련되어 있다[8]고 바디우는 말하고 있다. 시대에 순응하는 주체가 아니라 시대와 같이 사는 주체. 보편성

---

8) 알랭 바디우, 앞의 책, 210쪽.

을 주장하는 주체.

바울의 진리가 중요한 이유는 보편성의 산출 조건들과 관련해 그것을 정립하는 힘 안에 포섭된 주체의 몸짓이기 때문이다. 그러한 몸짓을 다시 사유하는 것, 그러한 몸짓의 복잡한 요철을 펴는 것, 그러한 몸짓의 개별성과 구성력에 활력을 불어넣는 것은 분명 오늘날 필요한 일이다. 우리는 깨어나야 한다. 빛의 갑옷을 입고 자신을 바칠 때 모든 것이 돌아올 것이다.

> 여러분은 지금이 어느 때인지 압니다. 잠에서 깨어나야 할 때가 벌써 되었습니다. 지금은 우리의 구원이 우리가 처음 믿을 때보다 더 가까워졌습니다. 밤이 깊고 낮이 가까이 왔습니다. 그러므로 우리는 어둠의 행실을 벗어버리고, 빛의 갑옷을 입읍시다(〈로마서〉, 13:11-12).

임영매

여인들이 있었다

 때론 앳된 소녀로, 때론 우아한 여인으로, 때론 팜므파탈로 등장한다. 미술사에 그려진 유디트의 이미지이다. 미술사를 보면 같은 주제의 그림이 여러 화가들에 의해 다양하게 그려진 작품들을 볼 수 있다. 유디트도 그중 하나이다. 구약 성서 외경에 등장하는 유디트는 이스라엘 민족을 구한 영웅이다. 유딧기에 따르면, 고대 아시리아 군대가 이스라엘의 베툴리아를 침공해 도시는 초토화되고 함락위기에 처한다. 이때 아름다운 과부 유디트가 하녀 한 명을 대동하고 적진 홀로페르네스의 막사를 찾아간다. 아름다운 외모로 적장을 유혹해 틈을 노려 공격할 생각이었다. 유혹에 넘어간 홀로페르네스가 성대한 연회를 열었고, 술을 마시고 취해 잠에 빠지자 유디트는 칼로 그의 목을 힘껏 내리친다. 하녀와 함께 적장의 목을 자루에 담아 막사를 빠져나온 유디트는 적장의 죽음을 시민들에게 알린다. 홀로페르네스의 죽음으로 아시리아군은 당황했고, 사기가 충전한 이스라엘군에 결국 퇴각하고 만다.

유디트의 이야기는 시대를 거쳐 많은 화가들을 매혹시킨듯하다. 하지만 남성 화가들이 그린 그림 속에서 유디트는 목숨을 걸고 적진으로 들어간 용기와 결단보다는 관능적인 여성으로 묘사되거나 순진한 처녀의 모습 등으로 그려졌다. 자신의 성적 매력을 이용해 한 남자를 파멸시킨 여인으로 여겨지면서 민족을 구한 영웅의 모습보다는 세례 요한을 죽게 만든 살로메와 마찬가지로 팜므파탈로서의 이미지가 부각되기도 했다. 구스타프 클림트 역시 가슴을 훤히 드러내고 승리감에 도취한 팜므파탈로서의 유디트를 묘사했다.

반면 바로크 시대 여성화가 아르테미시아 젠틸레스키의 유디트는 다르다. 적장의 목을 베는 여인의 모습은 남자 못지않은 건장한 체격이면서 표정은 결연하고 용맹한 투사로 묘사되고 있다. 한 손으로 홀로페르네스의 머리를 제압하며 한 치의 망설임도 없이 단칼에 목을 베는 유디트의 모습에선 결기가 느껴진다. 순진한 처녀의 얼굴이 아니라 확고한 의지와 분노가 치민 얼굴이다. 그것은 여인의 아름다움이 아닌 자신의 민족을 구한 투사로서의 모습이다. 남성 화가들의 그림과 확연히 다른 젠틸레스키의 유디트 초상은 그림을 감상하는데 새로운 관점을 제시한다. 유디트는 위기에 빠진 나라를 구한 영웅이지만 남성 화가들의 작품 속에서 미술사가 여성을 어떻게 재현해 왔는지를 읽을 수 있다.

익숙한 그림에서 새롭게 읽혀지는 낯설고 불편한 시선처럼, 기독교 경전인 성경에서도 여성에 대한 시선은 낯설고 불편하다. 남성 화가들이 주도했던 서양미술의 역사에서 그림 속 여성은 성적 욕망의 대상이거나 수동적이며 존재자체가 미미하게 표현되었듯, 남성들에 의해 기록된 성경 역시 철저히 남성 중심으로 구성되었음을 깨닫는다. 때문에 성경 속 여성의 이야기는 왜곡되고 가려지고 부각되지 않았다. 성서 시대의 사회문화적 가부장적 이데올로기에서 여성의 존재는 부정적으로 폄하되어 있고, 그저 남성의 보조자 정도로 인식되고 해석되어 있다. 권력의 추가 기울어진 세상만큼 미술사도, 성경도 그만큼 기울어져 있다.

그럼에도 성경을 찬찬히 들여다보면 그 속에서 섬광처럼 빛나는 여성들을 만나곤 한다. 가부장적 권위에 절대적 복종해야 했던 시대적 관점에서도 성경 속 여성들은 그렇게 수동적이지도, 고분고분하지도, 나약하지도 않았음을 알게 된다. 적장 홀로페르네스의 목을 베어 민족을 구한 영웅 유디트의 이야기는 단순한 힘이 아니라 지혜와 용기, 전략으로 남성 중심의 역사드라마에서 여성도 중요한 역할을 할 수 있음을 보여준다. 오늘날 유디트는 남성의 도움 없이도 스스로 문제를 해결하는 독립적인 여성의 상징으로 재조명한다.

독립적인 여성의 상징으로 가장 먼저 떠오르는 인물은 인류 최초의 여성이라는 릴리스다. 유대교 전설에 의하면 릴리스는 이브가 있기 전 아담의 첫 번째 부인으로 전해진다. 태초에 아담과 똑같이 흙으로 지어졌다는 릴리스는 고분고분하며 순종적인 아내가 아니었다. 자신 역시 흙으로 지어진 동등한 존재라고 주장하며 복종하기를 바라는 아담을 버리고 에덴동산 밖으로 뛰쳐나갔던 최초의 여성이다.

자유와 평등을 주장하는 독립성이 강한 릴리스와 달리,

이브는 아담의 갈비뼈에서 나왔다. "드디어 나타났구나! 내 뼈에서 나온 뼈요, 내 살에서 나온 살이로구나. 지아비에게서 나왔으니 지어미라고 부르리라!"(창세기 2:23) 그래서인지 오랫동안 이브는 아담에게 예속된 존재로 수동적이고 순종적이며, 그리고 아담을 꼬여낸 죄인의 이미지로 인식되어 왔다. 가부장적 이데올로기에 바탕한, 남성 중심의 신학에서는 아담의 갈비뼈를 근거로 여성의 종속성을 주장하며 남성의 부수적인 존재로 오랫동안 해석하게 했다. 그래서 여성은 남성에 비해 열등하며, 딸은 아버지에게, 아내는 남편에게 종속되어 복종하는 것을 당연한 것처럼 여겨져 왔다. 하지만 『핑크 리더십』의 저자는 이브의 등장에 아담이 한 일이라고는 고작 잠을 잔 것뿐라고 직설한다. 그 잠도 하나님이 재우셨을 만큼 아담을 철저히 수동적 존재로 해석하고 있다. 때문에 이브는 하나님이 만드신 창조물로서 하나님께 속한 존재이지 결코 아담이 주인이 아님을 말한다.

> 그래서 야훼 하나님께서 아담을 깊이 잠들게 하신 다음, 아담의 갈빗대를 하나 뽑고 그 자리를 살로 메우시고는 그 갈빗대로 여자를 만드신 다음, 아담에게 데려오시자 아담은 이렇게 외쳤

다. "드디어 나타났구나! 내 뼈에서 나온 뼈요, 내 살에서 나온 살이로구나. 지아비에게서 나왔으니 지어미라고 부르리라!"(창세기 2:21-23)

 이브는 인류의 어머니이자 아담을 꼬드겨 나쁜 길로 인도한 죄인이라는 이미지가 대조를 이룬다. 창조와 유혹, 타락을 주제로 하는 성경에서 중요한 역할을 하는 이브는 오늘날 전통적인 남성중심적 해석에서 벗어나 이브의 선택과 행동을 통해 여성의 주체성과 독립성으로 재조명, 재해석하기도 한다.

 경전은 종교의 핵심적인 가르침을 담고 있다. 하지만 성경이 가진 함의와는 다르게 남성 중심의 성경해석은 여성의 존재가 폄하되거나, 왜곡되고 그 역할에 비해 가려진 여성들도 많이 존재한다. 그렇기에 중대한 사건의 중심에 있는 인물임에도 여성의 존재는 미미하고 제대로 부각이 되지 않는다. 예컨대, 예수의 수난 시 로마 군사들에게 체포되어 십자가를 지러 갈 때, 남자 제자들은 모두 도망가고 여성들은 위험을 감수하며 끝까지 예수를 따라가 십자가와 부활의 증인이 된다.

> 또 여자들도 먼 데서 이 광경을 지켜보고 있었는데 그들 가운데에는 막달라 마리아, 작은 야고보와 요셉의 어머니 마리아, 그리고 살로메가 있었다. 그들은 예수께서 갈릴래아에 계실 때에 따라 다니며 예수께 시중을 들던 여자들이다. 그밖에도 예수를 따라 예루살렘에 올라온 여자들이 거기에 많이 있었다. (마르코 15:40-41)

예수의 죽음과 매장을 끝까지 지켜보고 있었던 여성들은 부활의 목격자다. 성경에서 여러 여인들과 함께 멀리서 지켜보았다고 전해지는 막달라 마리아는 제자들에게 예수의 부활 소식을 전하는 첫 번째 증인이 된다. 막달라 마리아는 예수의 부활을 최초로 목격한 여인들 중 하나로 부활의 증인으로 중요한 역할을 한다. 하지만 남성 제자들에 대한 자료에 비하여 여성 제자들에 대한 자료는 제한되어 있어 정확한 사실은 잘 알려지지 않았다. 『세상에 조연은 없다』에서 저자는 자료의 부족이 여인들의 행적이 덜 중요하다는 것을 보여주는 것으로 이해해서는 안 된다고 말한다.

예수의 십자가와 부활에 여성들의 증인이 없었다면 어떻게 되었을까? 남성이 주인공인 역사화에서 여성은 부수적인 위치에 비중이 작게 그려졌던 것처럼, 남성 중심의 성경에서도 남성 영웅에 가려져 여성들의 중요한 역할을 부각시키지 못하고 조연으로 해석하고 있을 뿐이다. 그렇기 때문에 성경 속 여성들의 이야기는 간과되거나 왜곡되고 사라졌다. 남성 중심의 성경에서 오늘날 조연에 주목하는 이유도 여기에 있다.

주체로서의 여성을 강조한 보부아르는 여성이 주체가 되기 위해서는 자신이 타자로 규정되어 있다는 것을 아는 것에서 시작해야한다고 말한다. 오랜 역사와 문화 속에서 여성은 주체인 남성에 의해 타자로 규정되었다. '여자는 이러이러해야 한다'는, 어릴 때부터 받아온 교육과 사회적으로 여성에게 주어지는 강제 등 그러한 세계 속에 살고 있음을 인식해야 한다. 그래서 보부아르는 여성은 태어나는 것이 아니라 만들어지는 것이라고 말한다. 여성이 주체로 서기 위해서는 무엇보다 열등한 존재로, 타자로 규정되어 왔음을 아는 것이다.

성경 역시 시대적 상황의 한계를 안고 있다. 여성의 역할이 커지고 중요해진 21세기 오늘날, 우리에게 필요한 것은 새로운 성서 해석이고 주체적 성경 읽기다. 여성이든 남성이든 자기 정체성을 갖고 분별력을 통해 우리의 시각에서 성경을 읽고 해석하는 힘을 기르는 것이 중요하다. 성경을 제대로 읽는 것이야말로 우리가 경전을 통해 제대로 된 삶을 살아가게끔 꿈꾸게 할지 모른다.

이방인은 어디에나

 고대 아시리아 왕인 사르다나팔루스는 잔인하기 이를 데 없는 폭군으로 전해진다. 반란군과의 싸움에서 패하고 성이 함락될 위기에 처하자 종복들에게 애첩들과 애마를 모두 죽이고, 자신의 재물들을 모아 불태우게 한다. 그리고 마지막에 자신도 불 속에서 죽는다. 들라크루아의 〈사르다나팔루스의 죽음〉(1827)은 이 장면을 상상력으로 그려내고 있다. 중앙에 붉은 침대를 배경으로 온갖 보물들 속에 격렬한 몸부림과 난폭한 장면들이 생생한 명암대조로 묘사되고 있다. 잔혹한 광란의 현장에서 사르다나팔루스 왕은 팔을 머리에 괴고 붉은 침대 위에 기대 누워 태연이 이 광경을 바라보고 있다.

 이 그림은 유럽의 오리엔탈리즘적 시각을 그대로 보여준다. 오리엔탈리즘은 유럽인들의 동방 취미를 나타내는 말이었지만, 오늘날에는 동양에 대한 서양의 부정적이고 왜곡된 인식을 가리킨다. 『오리엔탈리즘』의 저자 에드워드 사이드가 지적한 것처럼 서양은 주체나 정상, 동양은 대상이나 비정상으로 규정하고 인식하는 태도인 오리엔탈리즘적 요소가 그림에 짙게 배어있다. 자신의 애첩과 애마를 살해하는 잔혹한 장면을 지켜보는 사르다나팔루스 왕은 잔인하고 야만적인 동양의 전제주의를 연상하게 하는가하면, 참혹한 살해 현장에서도 여성들은 관능미를 물씬 드러내며 이국적 환상을 불러일으키고 있다.

오리엔트 주제가 많이 그려졌던 19세기, 오리엔탈리즘 회화는 제국주의 가치를 노골적으로 드러냈다. 특히 이슬람 여성을 그린 그림은 유럽의 제국주의가 동방에 가졌던 왜곡된 시각을 여실히 드러난다. 들라크루아, 앵그르를 비롯해 당대 많은 유럽 화가들은 '오달리스크'를 그릴 때 관능적이며 에로틱한 누드로 그렸다. 이러한 그림들은 이성적이고 합리적인 서양에 비해 비합리적이고 관능적인 동양으로 규정되는 것과 같다. 이는 서양의 동양 지배를 정당화하고, 동양에 대한 서양의 우월성을 주장하는 이유가 됐다.

오리엔탈리즘은 서양과 동양을 이분법으로 나누고 우월과 열등, 문명과 야만, 지배와 종속, 정상과 비정상 등의 구분을 짓는다. 이는 서양인들이 동양을 지배하는 권력의 한 방식이기도 하다. 서양인의 인식에서 동양은 주체인 서양의 대상, 즉 타자였다. 오리엔탈리즘에 대한 서구의 시선은 이방인, 곧 타자화를 전제로 한다.

그런데 동양에 대한 왜곡된 인식과 태도를 가리키는 이러한 오리엔탈리즘을 시간이 지나면서 자신도 모르게 자연스럽게 내면화한다는 점이다. 말하자면 우리 안의 오리엔탈리즘이 자신도 의식하지 못하는 사이에 자연스럽게 받아들이면서 사고를 지배하게 되는 것이다. 그래서 서구적인 것은 우월하고 정상적이며, 비서구적인 것은 열등하고 비정상적인 것으로 각인된다. 하얀 피부에 대한 갈망으로 미백 화장품을 선호하고, 피부색이 검은 아프리카계 인종을 보면 자연스럽게 외면하게 된다. 같은 인종이지만 탈북민이나 조선족, 외국인 노동자에 대한 차별과 멸시도 우리 안에 뿌리 내린 서구 중심의 오리엔탈리즘을 내면화한 우리의 모습이라고 할 수 있다. 우리 사회에 내재하고 있는 인종차별주의는 오랜 시간 사회 제도와 대중문화 속에서 서서히 흡수되어 왜곡으로, 편견으로 자리 잡았다. 우리 안의 오리엔탈리즘은 자각하기도 어렵다. 다문화가 혼재되는 글로벌 시대에 우리 안의 왜곡된 인식에서 벗어나 타자에 대한 관용과 환대가 어느 때보다 절실하다.

성경은 면면히 환대의 삶을 강조한다. 환대歡待. '반갑게 맞아 정성껏 후하게 대접한다는 의미의 환대. 아브라함은 자신의 문 앞을 지나던 나그네를 환대한다.(창세기 18장) 성경은 특히 '외국인, 고아, 과부, 떠돌이' 같은 사회적 약자, 소외된 이웃에 대한 '환대의 삶'을 말씀한다. "너에게 몸 붙여 사는 외국인을 네 나라 사람처럼 대접하고 네 몸처럼 아껴라. 너희도 이집트 나라에 몸 붙이고 살지 않았느냐?"(레위기 19:34) "너희는 이 축제를 올리면서 아들과 딸, 남종과 여종, 너희가 사는 성문 안에 있는 레위인, 떠돌이, 고아, 과부들도 함께 즐기게 해야 한다."(신명기 16:14) "너희가 여기 있는 형제 중에 가장 보잘 것 없는 사람 하나에게 해 준 것이 바로 나에게 해준 것이다."(마태오 25:40) 누구도 배제하지 않고, 보잘 것 없는 사람이라도 반갑게 맞이하고 존중하고 대접하는 환대의 삶이 사람의 길임을 말씀한다.

환대는 오랜 세월 우리네 삶의 방식이었다. 찾아오는 손님이 누구건 간에 따뜻이 맞이하고 정성껏 대접했다. 혹자는 이 시대를 환대가 부재한 사회라고 말한다. 자기중심적인 관점으로는 이웃에 대한 사랑도, 타자에 대한 환대도 나올 수 없다. 철학자 레비나스는 '타자의 호소에 응답하여 타자를 나의 삶의 공간에 맞아들이는 것'을 환대라 말한다. 타자 없는 삶, 자기중심적인 삶에서는 환대가 나올 수 없다. 끊임없이 자기중심을 비워내고, 중심이 자기가 아니라 자기 바깥의 타자에 두는 것, 나 또한 이 세상의 '나그네'라는 마음이 있어야 한다. 이럴 때 철학자 데리다가 말한 '무조건적인 환대'도 가능할지 모르겠다.

환대는 마음이면서 그에게 필요한 것을 내어 주는 것이다. 데리다는 '무조건적인 환대'를 강조한다. 진정한 환대는 초대에 의한 환대가 아닌, 예고도 없이 찾아오는 이들을 조건 없이 받아들이는 것임을 의미한다. 다가오는 타인을 공동체의 구성원으로서 받아들일 뿐 아니라, 자리를 잡을 수 있도록 그 자리를 내어주는 것까지도 환대라고 말한다. 우리는 과연 진정한 환대를 할 수 있을까? 살 곳을 찾아 들어오는 난민들, 거리의 홈리스들을 우리는 어떻게 환대할 것인가?

올해 베니스비엔날레의 주제는 '외국인은 어디에나 있다'이다. 여기서 외국인은 타국인뿐만 아니라, 이민자, 난민을 비롯해 이방인, 아웃사이더, 소수자 등을 아우른다. 지배권력과 정상인 개념에서 배제된 모든 사람, 사회적으로 환영받지 못한 모든 타자를 말한다. 이는 서구적 지배질서가 주변화해온 타자의 개념에 대한 성찰이며, 주류서사에서 배제된 이방인에 대해 주목하는 전시다. 주변부로 밀려난 이방인이 전면에 등장하고 있다. 이방인은 어디에나 있다. 그것은 우리 모두에 대한 이야기다. 이방인이 곧 경전이다.

진미현

내 안의 경전을 만나러 가다

한 달, 한 번의 만남

한 달에 한 번 경전을 읽고 나누기 위해 백년서원으로 향한다. 성경으로 시작한 경전 읽기는 생각보다 많은 내공이 필요했다. 읽기 쉬운 독서에 길든 내겐, 경전을 읽어내는 일은 '읽는다'는 행위 자체만으로도 큰 도전이다. 경전이라는 부담감에 심안心眼이 가려 좀처럼 깊은 속뜻을 읽어내기가 쉽지 않다. 왜 경전을 읽느냐고 묻는다면 그 대답은 아직 궁색하다.

누군가는 경전 읽기를 어정쩡하고 제멋대로인 마음 자세를 교정할 수 있는 좋은 기회라 한다. 뿐만 아니라 경전을 읽기 전과 읽고 난 후 달라져 버린 자신을 발견하게 된다. 이런 점이 인생의 혁명이라 해도 지나치지 않다고 했다. 이렇게 보면 경전을 읽는다는 것은 깊고, 무거운 인연이다. 가볍지 않은 인연으로 모여 마음에 새긴 구절을 나누면 '아!'하는 감탄이 나온다. 함께 읽는 분들의 깊이에 도달하지 못할 때가 부지기수다. 그럴 때면 마음속으로 '배웁니다' 하고 귀를 열면 혼자서 흐릿하던 문구가 살아나 마음으로 스며든다. 미숙하지만 조금씩 젖어들고 있다.

선지식인들은 경을 읽을 때 잡념이 생기거나, 기침이 나거나, 방문객이 있으면 경전을 덮었다. 작은 경전이라도 두 손으로 받들거나 머리에 이고 이동했다. 깨끗하게 다루어야 하며 세속의 잡서와 나란히 두어서는 안 된다. 경전 주위는 항상 청결하고 낙서를 해서는 안 된다고 했다. 꽤 엄격한 법도다. 비단 불경을 읽을 때 자세만 말하는 것은 아니다. 경전에 대해 공심恭心이 없다면 아무 소용이 없다. 경전을 읽는다는 것은 책장을 넘기는 행위 이전부터 마음을 닦는 일이다.

책상 앞에 앉는다. 잡념에 들지 않게 맥을 읽고 꼭꼭 씹어 새겨본다. 날아다니는 사념에 붙잡히지 않도록 산란했던 마음을 가라앉히고 한 글자 한 글자 뜻을 음미한다. 정성껏 읽는 과정이야말로 종교와 철학의 영역을 초월하여 일상에서 만나는 기도다. 그렇게 만난 한자 한자가 달라질 나를 만나러 가는 길일 것이다.

『금강경』의 뒷 모습

『금강경』은 대승경전[1])에 속하며 대승경전 중에서도 가장 초기에 형성된 경전이다. 『금강경』의 원래 이름은 금강반야바라밀경으로 줄여 금강경金剛經이라 부른다. '금강'에는 두 가지 의미가 있다. 첫째, 세상에서 가장 단단한 돌, 금강석 즉 다이아몬드다. 영어로는 '다이아몬드 수트라(Diamond Sutra)'로 번역한다. 금강석은 비싼 보석이 아니라 가장 강하다는 데 초점을 둔다. 둘째, 금강저金剛杵라는 의미다. 금강저는 인드라 신이 가지고 있는 세상에서 가장 강력한 무기로 어떤 사람과 무기도 파괴할 수 있는 도구를 뜻한다.

---

1) 불교의 한 종류인 대승불교(大乘佛敎)에서 중요시하는 경전으로 화엄경(華嚴經)·법화경(法華經)·반야경(般若經)·무량수경(無量壽經) 등을 말함.

'금강'이라는 말은 반야를 수식하는 말로 반야般若는 빨리어로 빤야(panna)이다. '반야'는 '사물이 가진 있는 그대로의 모습인 실상' 혹은 '그것을 내가 여실히 아는 지혜'를 말한다. 일반적으로 '지혜'라고 할 수 있지만, 반야가 의미하는 지혜는 세상의 모든 진실을 다 아는 지혜로 부처님의 지혜다.

반야를 수식하는 '마하'를 붙일 때가 있다. 마하반야의 '마하'는 무한히 큰 것, 한량없이 큰 지혜를 마하반야라 한다. 즉 어떠한 번뇌, 욕망, 무지도 깨뜨려 다 부숴버리는 그런 지혜를 금강반야라고 부른다. 이렇게 완전한 지혜를 깨달음으로써 모든 번뇌를 지나 괴로움이 없는 열반에 이른 것을 '금강반야바라밀'이라고 한다. 그래서 '금강반야바라밀경'은 '완전한 지혜로 모든 존재의 본질적인 공함을 깨닫고, 번뇌에서 벗어나서 괴로움이 없는 열반에 이르는 부처님의 말씀'을 의미한다. 『금강경』[2]의 모든 내용은 첫 장에 다 들어 있다고 옛 선사들은 말씀하셨다.

이와 같이 나는 들었습니다. 어느 때 부처님께서 거룩한 비구 천이백오십 명과 함께 사위국 기수급고독원에 계셨습니다. 그때

---

[2] 조계종 표준 『금강반야바라밀경』, 주석본.

세존께서는 공양 때가 되어 가사를 입고 발우를 들고 걸식하고자 사위대성에 들어가셨습니다.

성 안에서 차례로 걸식하신 후 본래의 처소로 돌아와 공양을 드신 뒤 가사와 발우를 거두고 발을 씻으신 다음 자리를 펴고 앉으셨습니다.(15쪽)

그때 대중 가운데 있던 수보리 장로가 자리에서 일어나 오른쪽 어깨를 드러내고 오른 무릎을 땅에 대며 합장하고 공손히 부처님께 여쭈었습니다.(16쪽)

이것은 부처님의 일상 모습이다. 매일 차례대로 걸식을 하고, 대중이 자리에 앉아 있으면 질문 있는 사람이 그때 질문을 해서 법담을 나누었다.

스님들의 가사를 보면 항상 왼쪽에 옷자락을 걸치고 오른쪽 어깨를 드러내게 착용하는 데 이것을 '편단우견'이라 한다. 이는 '당신을 위협할 의사가 없다'는 뜻에서는 오른쪽 어깨를 드러내는 인도 문화에서 유래했다. 그리고 오른쪽 무릎만 땅에 대고 꿇어앉는 것을 '우슬착지'로 즉 오른쪽 무릎만 땅에 대고 꿇어앉아 이마를 상대의 발에 대는 것이다. 그러고 나서 '합장공경 이백불언'은 합장하고 공경 하사, 즉 합장을 하고 일어나서 부처님을 우러러보며 여쭸다는 뜻이다.

경이롭습니다.[3] 세손이시여! 여래께서는 보살들을 잘 보살펴 주시며 보살들을 잘 격려해 주십니다. 세손이시여! 가장 높고 바른 깨달음을 얻고자 하는 선남자 선여인이 어떻게 살아야 하며 어떻게 그 마음을 다스려야 합니까?[4] (16쪽)

'희유하십니다'는 '참으로 거룩하십니다'라는 뜻이다. 그리고 '여래께서는 모든 보살을 잘 두호하십니다'라고도 했다. 이는 모든 보살을 잘 보살피신다는 말이다. 이는 말씀이 있기 전에 부처님의 그 일거수일투족이 이미 법을 보여 주고 있음을 수보리가 알아차렸다는 뜻이라 한다. 평소와 다를 바 없는 부처님의 일상을 보고 수보리가 큰 깨달음을 얻은 거다. 잔잔한 마음에 파문이 일어나듯이 진리의 깨달음이 파장을 일으킨 것이다. '선사는 첫 장을 펼칠 때 이미 금강경의 모든 대의를 알아야 한다'고 할 정도로 옛 선사들은 『금강경』의 대의가 이 속에 다 들어있다고 생각했다.

사람들은 일상과 다른 기적이나 이행異行 중에 깨달음을 얻을 거라 생각한다. 좋은 일이든 나쁜 일이든 영화처럼

---

[3] 한역 '희유希有'는 '세상에 이런 분이 없다'는 뜻으로 부처님을 찬탄하는 말이다.
[4] '가장 높고 바른 깨달음'은 '아누다라삼먁삼보리阿耨多羅三藐三菩提'를 직역한 것.

극적으로 다가오는 일은 생각보다 많지 않다. 일생에 한 번 일어날까 말까 한 특별한 순간에만 깨달음을 얻을 수 있다면 종교나 경전은 평범한 사람들에게 지상병화紙上餠畫일 뿐이다. 『금강경』에서 수보리가, 『반야경』에는 사리불 등의 제자들이 나온다. 설법하시는 대상 인물이다. 이들을 대고중對告衆이라 한다. 경전을 보는 사람은 대고중의 이름이 나올 때 그 이름이 자기 자신을 가리키며, 부처님께서 수보리나, 문수보살 등에게 설하고 계신 것이 아니라 지금 경전을 보고 있는 '나' 자신에게 말씀하고 있는 것이라고 믿어야 한다고 했다.

일상적인 부처님의 모습에서 수보리의 깨달음은 무엇일까, 반복되고 의미 없어 보이는 행동 하나 하나에 마음과 정성을 다하는 부처님의 모습이 『금강경』의 첫 장이다. 이 속에 부처님께서 말씀하시고 싶은 모든 것이 있다는 것이다. 경전을 보고 있는 나에게 말씀하시고 있다. 말씀이 아니라 행동으로 먼저 보여주신다. 내가 하는 작은 행동 하나도 의미 없는 것이 없다는 단순하고 무거운 진리를.

어려운 법문에 선 듯 다가가지 못하고 망설이는 범인에

게 공양 후 발우를 씻어 엎어두고 자리에 앉으신 부처님의 뒷모습처럼 담담히 시작할 용기를 준다. 책의 첫 장에 부처님의 일거수일투족을 상세히 기록한 것은 멀리서, 또 남에게서가 아니라 열린 마음으로 스스로에게 질문하고 그 질문의 파동을 느끼라는 말씀이라 짐작해 본다.

『바가바드 기타』에 기대어

다음으로 읽은 경전은 '거룩한 자의 노래'라는 뜻의 서사시 『바가바드 기타』[5]이다. 베다, 우파니샤드와 함께 힌두교 3대 경전 중 하나이다. 쿠르크셰트라 전쟁이라는 신화적 사건을 배경으로 한다. 전투가 벌어지려는 찰나에 적진에 선 자기혈족들을 바라보고 고뇌에 빠지는 왕자 아르주나와 그의 스승이자 마부인 크리슈나의 대화를 기록한 것이다. 크리슈나는 지존인 비쉬누의 화신이다. 따라서 『바가바드 기타』는 지존인 크리슈나의 노래이다. 힌두교에서 영적 깨달음에 이르는 3가지 길인, 지혜의 길(갸나 마르가), 행위의 길(카르마 마르가), 헌신의 길(박티 마

---
5) 길희성 역주, 『바가바드 기타』, 동연, 2022, 72쪽.

르가)이 있다. 크리슈나는 이 중 행위의 길(카르마 마르가)을 가라고 말한다. 결과에 대한 집착을 포기하는 행위의 길, 정의롭고 올바른 행위, 곧 선업을 행하는 바른 다르마(의무)를 수행하는 길을 가라고 한다. 크리슈나의 가르침은 이렇다.

'그대가 관여할 일은 오직 행위일 뿐, 어느 때이건 결과가 아니다. 행위의 결과를 동기로 삶지 말며 행위 하지 않음을 집착하지 말라. 요가에 굳게서, 아르주나여, 성공과 실패를 평등하게 여기며 집착을 버리고 행동하라. 요가는 평등이라 말한다.'(2장 47절, 48절)

아르주나의 딜레마는 세상을 살아가는 인간들에게 맡은 바 의무를 행하는 것이었다. 이것이 다르마다. 『바가바드 기타』에서는 일상생활에서 자신에게 주어진 의무를 충실히 이행하면서도 진리를 추구하고 깨달음을 얻어 해탈할 수 있다고 말한다.

'이와 같이 나의 신비한 출생과 행위를 진실로 아는 사람은 육신을 떠나도 환생하지 않고 나에게 온다, 아르주나여.'(4장 9절)

이는 진리를 깨달으면 윤회를 끊고 해탈할 수 있다는 뜻이다. 세속의 결과에 집착하는 모든 행위는 욕망에서 비롯된다. 행위는 욕망을 낳고, 욕망은 업을 쌓는데 어떻게 이것이 가능할까? 행위 자체가 원인이 아니라 행위 결과에 집착하면서 업이 쌓인다. 『바가바드 기타』에서는 행위가 아니라 욕망에 대한 집착을 포기하라는 말이다. 욕망을 떠나 행위의 결과에 집착하지 않는 행위가 구원에 이르는 길이라고 말한다. 행위와 욕망을 버리고야 진리를 추구할 수 있다는 기존의 가르침과는 다르다.

'그러므로 항상 집착 없이 해야 할 행위를 하라. 집착없이 행위를 하는 사람은 지고의 것을 얻기 때문이다.'(3장 19절)
'많은 사람들이 애욕과 공포와 분노를 떠나 나와 같이 되고, 나에 의지해서 지혜와 고행으로 정화되어 나의 상태로 이르렀노라'(10장 10절)

『바가바드 기타』에서 크리슈나는 모든 존재의 근원이고 불멸의 지존인 비쉬누이고 브라흐만이다. 그는 누구에게나 평등하며 무차별적인 사랑을 준다. 따라서 모든 존재에 대한 믿음과 사랑이다. 『바가바드 기타』를 읽다 보면 위로를 받게 된다. 굳이 성전이나 숲으로 떠날 필요가 없으니 말이다. 사회와 신을 위해 바친다면 일상적인 행위가 종교적 행위로 승화되고 진리를 깨달을 수 있는 길이기 때문이다.

계속되는 삶의 자연스러운 항해를 방해하는 것은 오지 않은 미래에 대한 불안과 욕심 때문이다. 주위를 정갈하게 하고 자세를 갖춰 경전을 읽지만, 읽을수록 더 복잡해지기도 하고 가끔은 미로를 헤매는 기분이다. 여러 경전의 말씀들이 손에 잡힐 듯하지만 모호한 상태이다. 그럼에도 아침에 눈을 뜨자마자 고양이 봄이의 물그릇에 새 물을 갈아준다. 모자란 사료도 채워준다. 봄이의 화장실을 살피고 난 뒤에야 다음 일정으로 넘어간다. 이처럼 의미 없어 보이는 일상에 정성을 다하고 사랑을 담아 행동하면 이도 나를 깨우는 기도리라.

성경에서도 '복 있는 사람은… 오직 여호와의 율법을 즐거워하여 주야로 묵상하는 자'[6)]라고 정의하고 있다. 세상일에 흔들리지 않고 받아내는 내력을 키우기 위해서는 완고한 마음과 귀를 열고 경전을 읽어낸다면 달라진 나와 만날 수 있을 것이다. 『금강경』이나 『바가바드 기타』의 말

---
6) 구약성서 지혜서 1:1~3.

씀처럼 일상 중에 기꺼이 즐거워하며 행동하다 보면 어느 순간 깨달음이 올 때가 있을지 기대해 본다. 경전을 읽기 전과 지금의 내가 어떻게 다른지 아직은 모르겠다. 단지 '어떻게 되었으면'이란 결과를 의식하지 않고 나의 성전을 발견할 때까지 가보기로 한다.

'간경자 혜안통투看經者 慧眼通透, 경전을 보는 사람은 지혜의 눈이 크게 열린다.'했으니.

지혜를 따라가면

 인생의 고비마다 검문하듯 물어온다. '어떤 사람이 되고 싶습니까?' 면접 준비를 하듯 모범답안을 만들어 놓고 세상을 살아가는 데 필요한 자질과 덕목을 나열한다. 많은 사람이 '지혜로운 사람이 되고 싶다'고 대답한다. 검색창에 '지혜'라는 단어만 쳐도 연관 검색어가 줄이어 나온다. '지혜로운 사람의 0가지 특징' 등 5가지, 7가지…. 삶을 관통하는 지혜가 몇 가지 특징으로 구분 지을 수 있을까. 아마 지식과 지혜 중간쯤에 머물러 있는 정의定義리라. '지혜智慧'란? 사람, 사물, 사건이나 상황을 깊게 이해하고 깨달아서 자신의 행동과 인식, 판단을 이에 맞출 수 있는 것을 뜻한다. 때로는 자신의 감정적인 반응을 통제하여 이성과 지식이 행동을 결정할 수 있게 하는 것이라고 한다. 지혜롭다(wise)는 말은 많이 안다 또는 유식하다

(knowledgeable)와 의미가 다르다. 많이 안다는 것은 정보를 많이 습득하여 숙지하고 있다는 뜻이다. 노력의 결과다. 한편 지혜롭다는 것은 학습과 정보로 습득되는 것이 아니라 살아가면서 경험을 통해 얻는 삶과 관련된 옳은 판단과 행위 중에 얻어진다. 이처럼 지식과 지혜는 아주 밀접하지만 지식이 많다고 해서 지혜롭다고 말할 수 없다. '지혜'란 두뇌와 밀접한 단어로 지능과는 의미가 다르며, 지식과는 상호보완적인 관계다. 정확하게 정의 내리기에 모호하지만 철학자들과 기독교, 불교 등 종교인이나 지식인뿐 아니라 오늘을 살아가는 평범한 나도 목말라하는 중요한 덕목이다.

신의 지혜

"지혜를 얻은 자와 명철을 얻은 자는 복이 있나니 이는 지혜를 얻는 것이 은을 얻는 것보다 낫고 그 이익이 정금보다 나음이니라 지혜는 진주보다 귀하니 너의 사모하는 모든 것으로 이에 비교할 수 없도다"(〈잠언〉, 3:13-15)

"솔로몬이 이것을 구하매 그 말씀이 주의 마음에 든지라"(〈열왕기상〉, 3:10-13)

어려움을 헤쳐 나갈 수 있는 지혜를 달라 기도한다. 지금 제가 어려움에 처해있으니 해결해 달라는 속이 드러나는 기도가 아니라 헤쳐 나갈 수 있는 지혜라는 두루뭉술한 바구니를 하나님께 드미는 것이다. "너희 중에 누구든지 지혜가 부족하거든 모든 사람에게 후히 주시고 꾸짖지 아니하시는 하나님께 구하라 그리하면 주시리라."(〈야고보서〉, 1:5)의 말씀처럼 말씀에 아이같이 매달려도 도무지 지혜의 은혜가 내릴 기미가 보이지 않는다. 누구든 구하면 주신다던 지혜는 늘 나를 비켜가며 나의 믿음과 기도가 부족한가 번민한다. 왜일까? "여호와를 경외함이 지혜의 근본이라"(〈시편〉, 111:10)는 말씀처럼 금은보화가 아니라 지혜를 달라는 나의 기도에는 하나님이 빠져있다. 성경에서 지혜를 묘사하고 설명하는 사건들과 기도를 통해 성경적 지혜란 경건한 신앙인의 삶의 방식이다. 지혜의 근원인 하나님의 법으로 조율되고 그분의 뜻과 조화롭게 살아가는 삶의 태도라 한다. 혼돈되고 뒤틀린 세상 속에서도 하나님을 경외하고 믿는 것이 지혜라는 것을 강조하고 있다.

이스라엘 역사상 솔로몬왕 시절은 그의 아버지 다윗왕

보다도 너른 영토와 군사력으로 가장 풍요롭고 부강했다. 솔로몬은 누구보다 지혜롭고 뛰어난 군주였다. 이는 모두 하나님께서 주신 좋은 것들, 하나님이 주신 복이다. 그러나 오늘날 솔로몬의 영광은 남아있는가. 수많은 이국의 여인들과 혼인하고 자식을 낳고 이방 신을 위한 성전을 짓고 제사를 지내며 우상을 숭배하였다. 하나님이 보시기에 가장 큰 악을 행했다. 그의 영광은 오늘 어디에도 남아있지 않다. 하나님께서는 그에게 두 번의 경고를 하셨다. 솔로몬은 하나님의 명령을 지키지 않았고 그의 아버지 다윗과 달리 여호와를 온전히 따르지 않았다. 그가 죽기도 전에 무리한 노역으로 원성을 샀으며, 이스라엘이 바벨론에 망하게 되는 가장 큰 원인의 제공자가 되었다. 이스라엘의 하나님 여호와에게서 마음을 돌리게 하였다.

지혜와 번성의 왕은 그의 지혜를 후대에 물려주지 못했다. 온갖 이치와 현상에 깨우치고 가르칠 수 있었던 솔로몬이었지만 아들과 이웃에게 지혜를 알려줄 수 있는 지혜는 갖지 못한 것이다. 아이러니하게도 그의 융성한 왕국이 허망하게 끝난 것은 하나님의 지혜가 아닌 세상의 지혜로 판단하고 기회를 놓쳤기 때문이리라. 한때 하나님을 기쁘게 한 그의 기도로 하나님의 지혜를 가치 있게 여겼고 그 덕에 이스라엘 백성은 안전하게 살 수 있었다. 처음 하나님께 청해 받은 지혜 덕에 번성한 왕국을 이룩한 솔로몬이었다. 그 지혜가 하나님께로 향한 것이 아니라 세상에서 돌아올 영광에 눈멀자 스스로 멸망과 징계의 길로 접어들었다.

간절함을 담아 드리는 내 기도의 목적은 아무리 좋게 포장해도 실상은 세상의 지혜를 통해 스스로가 드러나고 높아지는 것이다. 이것이 세상 지혜의 속성이다. 하나님께 지혜를 구한 솔로몬의 요청은 하나님을 기쁘게 하였고 더불어 부와 명예도 주셨다. 솔로몬이 구한 지혜는 자신의 득을 위한 지혜가 아니라 하나님을 경외하고, 두려워하며 주님의 백성을 잘 다스리겠다는 지혜를 구했다. 아무도 훔칠 수 없는 지혜를 통해 나뿐 아니라 이웃을 섬기고 이것을 통해 하나님께 영광이 되도록 한다면 하나님의 목적에 맞는 지혜이다. 그러므로 지혜를 구할 때는 세상의 지혜와 하나님의 지혜를 구분하여 구해야 할 것이다.

인간의 지혜

어린 시절 할머니 무릎에 누워 '옛적에~' 하며 듣던 이야기 속에는 응축된 삶의 지식과 지혜가 담겨 있다. 이야기를 통해 서로 이해할 수 있는 공감대를 형성하고 지식과 지혜를 터득하는 매우 효율적인 방법이었다. 하지만 옛날이야기처럼 전하던 시절은 끝났다. 지금 우리는 정보와 지식을 어디서든 검색하고 전송받을 수 있는 시대에 살고 있다. 손에 든 뇌(핸드폰)로 습득한 정보와 지식은 신속하게 원하는 문제의 답을 제시해 준다. 한 번의 터치로 알아버린 답을 우리의 뇌는 합리적이고, 새 시대에 합당한 지식이라 인식하고 적응한다.

인간이 공부하는 이유는 신속하게 답을 찾아내기 위해서가 아니다. 다가오는 새 시대에 지식을 바탕으로 창의적으로 마주한 상황을 대처해 나갈 수 있는 능력을 키우기 위해서이다. 현명한 판단과 선택은 데이터와 지식만으로 부족하다. 인공지능(AI) 시대의 기계적 사고와 인간적 사고가 구별되는 가장 큰 특징이 지혜의 차원이다. 사람마다 살아온 환경이 다르고 경험이 다르듯이 다른 이해관계가 얽히면 더 복잡하고 어려워진다. 여기서 개인이 쌓은 지식의 양은 문제 해결에 적절한 지혜를 발휘하지는 못한다. 지혜는 어려운 상황에서 우리가 마주하는 문제들을 해결하는 능력으로 간주되는 경우가 많다. 지혜가 종종 삶을 살아가는 처세술 같은 기술과 혼동되기 때문이다. 기술은 지혜를 대신할 수는 없다. 지혜는 기술이 아닌 것처럼 지식도 아니다. 전문적인 지식을 가진 사람이 반드시 현명한 사람은 아니지만 지식을 통해 쌓을 수 있다.

호모 사피엔스(Homo Sapiens), 사피엔스(Sapiens)는 슬기로움과 지혜로움이 통합된 생각·지성을 뜻한다. 개발을 빙자한 자연 파괴, 갖가지 명분을 내세운 전쟁이라는 폭력을 자기 삶의 터전으로 끌어들여 망가뜨리는 동물은 지구상에 인간이 유일하다. 지구의 Homo 속 7종 중 Sapiens 종 하나만 살아남았다. 그 이유로 사피엔스 종이 경쟁 관계에 있는 6종을 모두 멸종시켰다는 설이 유력하다. 이처럼 현생 인류는 동종 뿐 아니라, 위협이 되는 다른 동물들을 멸종시키고 지구에 살아남아 '우리는 위대하다', '우리는 지혜롭다'고 주장하며 사피엔스라 칭하고 있다. 인간이 생존을 위해 파괴한 자연환경이 결론적으로 보면 인간 스스로 자멸의 시간을 재촉하고 있는 어리석은 꼴이다.

미국 캘리포니아대 샌디에고캠퍼스(UCSD) 연구팀에서 지혜를 정확하게 정의내리기 위해 지혜, 지성, 영성靈性 등과 관련된 설문지를 전문가에게 보내고 그 답변을 받았다고 한다. 이를 정리한 발표에 의하면 지혜는 첫째, 지구에서 인간에게만 존재하며 둘째, 지혜는 차곡차곡 쌓인 경험에서 감성과 인지능력이 발달된 형태로 나타난다고 한다. 셋째, 지혜는 인간에게서 비교적 일관되게 나타나는 인격적 자질이며 넷째, 습득될 수 있으며 경륜이 쌓이면서 발전하고 평가될 수도 있다. 뿐만 아니라 다섯째, 약을 복용함으로써는 강화될 수 없는 능력이 학자들이 바라보는 지혜라는 것이다. 우리가 생각하는 지혜와는 궤를 달리하지만 이론적 공감이 간다.

선택할 수 있는 능력이야말로 우리를 인간으로 만들어 준다고 한다. 왜 해야 하는가에 대한 필요성에 합의가 필요하고 공감되어야 한다. 필요성에 대한 공감대를 형성하는 데는 과연 필요한가에 대한 통찰력과 관찰이 필요하다. 이럴 때 현상을 잘 관찰하고 관찰된 데이터로 학습하는 AI 기술을 활용하여 지식을 발견하고 인간은 선택하면 된다. 지식과 경험을 기반으로 한 좋은 판단이고 선택이다. 인간이 발전이라는 명분을 내세워 만들어 놓은 지금의 지구가 인간의 삶을 공격하고 있다. 공격이 아니라 비명일 것이다. 선택해야 할 때이다. 인간이 쌓아온 지식과 경험을 바탕으로 지혜를 발휘해야 할 때이다.

그래서 우리는

우리는 지혜를 가장한 지식이 범람하는 혼돈 속에 살고 있다. 삶의 지혜는 이미 많은 경전과 선지자들로부터 전해져 왔다. 그 깨달음을 알면서도 행동하지 못하는 인간의 어리석음으로 오욕칠정五慾七情의 바다에 빠지게 하고 인생을 낭비하게 한다.

『밀란다왕문경』에서는 '밝음과 지혜는 같은 것이다.' '명여지등이明與智等耳' 지혜는 '밝음'이고, '자신에게 일어나고 있는 현상을 밝게 알고 있는 것'이라 한다. 지혜의 특징은 존재의 고유 성질을 꿰뚫어보는 것이다. 지혜(반야)의 역할은 어둠을 밝히는 것이라 했다. 『법구경』〈제38송〉에서도 '마음이 멈춰 쉬지 못하고, 법을 몰라서 자신 안에서 일어나고 있는 일에 어두우면, 바른 지혜가 없는 것이다.'(心無住息. 亦不知 法 迷於世事 無有正智) 바꾸어 말하면, '마음이 고요하게 멈춰 쉬고, 법을 알아서 자신 안에서 일어나고 있는 일을 밝게 알면, 바른 지혜가 있는 것'이라고 말할 수 있다. 또 『유교경』에서는 "만약 어떤 사람이 지혜로 밝게 비추어 보는 자라면, 그는 비록 천안통天眼通과 같은 신통은 없을지라도 밝게 보는 자니라. 이런 것이 지혜다."라고 한다. 먼저 자신을 알고 나와 지구와 우주의 연결을 밝게 알아가야 한다.

인생을 살아가며 선택했던 결정들은 주로 세상과 타인을 향한 분별의 지혜를 구했다. 선의로 했던 일이나, 외면했던 잘못된 판단의 결과를 돌아본 적 있었던가, 고민해 본다. 하나님이 주신 나의 재능과 선한 마음이 과연 하나님의 백성으로 온전한지 두려워진다. 솔로몬의 지혜조차 하나님 뿐 아니라 자신에게 닿지 못하였는데 말이다. 시간이 지날수록 모든 순간이 선택이라는 것을 느낀다. 내면의 유혹과 세상의 시험에서 바른 선택만이 신의 가르침에서 멀어지는 일이 없도록 하는 방법일 것이다.

우리에게 필요한 지혜는 신의 지혜를 받아들여 타자와

자연에 헌신하는 진정한 지혜로운 사피엔스가 되는 길이다. 밝게 비춰보고 신이 사랑으로 만드신 인간과 만물을 이롭게 하는 것이다.

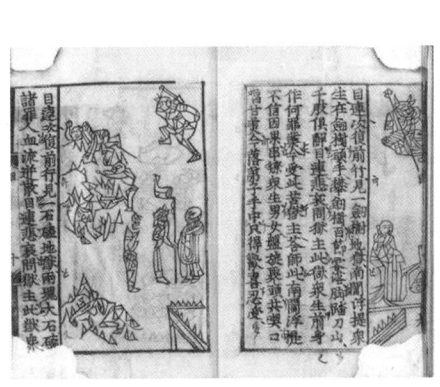

目連次復前行見一劍樹地獄南閻浮提衆生在勉撥誣謗平欺劍樹百尺崖峻脇隋刀山千殿俱醒目連悲哀問曰主此地獄衆生前生作何罪業受此苦耶主者師此南閻浮提眈婬不信因果惡業興生男女縱慾與頭共爭口鳴甘言令菩薩爲人本中民得歌舌名爲口

目連次前行見一石磋地獄兩邊大石磋諸罪人血流草黃目連悲問獄主此地獄衆

황미정

나를 깨워 세상과 소통하는 경전 읽기

나에게 경전 읽기란?

만물의 영장이라고 스스로 지칭하며 모든 생명체를 좌지우지하려고 한 인간에게는 큰 약점이 있다. 그것도 아주 큰 약점이다. 바로 인간의 마음이다. 인간이 자신의 마음을 스스로 통제하는 것이 쉽지가 않다. 자신 이외의 것은 마음대로 휘두르면서 말이다. 최근 삶의 질이 향상되고 사회가 고도화되고 있음에도 오히려 인간의 마음은 후퇴하고 있다. 자신이 어디서 왔는지, 어디로 가야 하는지도 모른 채 자기 안의 분노와 스트레스로 병들어 죽어가고 있는 것이다. 이 스트레스 때문에 인간의 마음이 병들어 가고 있다. 그렇다면 내 안의 분노와 스트레스는 어떻게 다스려야 할까? 하는 고민을 끝없이 하던 중에 구상 시인의 마지막 잎새라는 시 구절에서 내 영혼의 창고가 텅 비어 있음에 놀라고 두려워 하늘의 아버지께 무슨 낯으로, 무슨 염치로 뵈오나 라고 하시는 구절을 읽고 영혼의 창고는커녕 내 마음의 창고조차 보지 못하는 자신을 보았다. 그 이후에 나는 점점 영혼, 영성에 관심을 가지기 시작했다.

세상의 당연한 이치가 변화하는 것이겠지만, 그러한 세상 속에서도 변하지 않기를 바라는 그 순수함을 우연한 기회에 경전을 통해서 만나보게 되었다. 과거에도 수행자들은 영성을 맑게 하기 위해 기도하고 고행을 마다하지 않았다. 세월이 변해도 세상이 원하는 이치는 변함이 없는 것 같다. 맑은 영혼, 깊은 영성을 지닌 사람이 되기를 바란다. 경전 공부를 통해서 누구나 함께하면 마음이 편하고 순수함을 느끼는 사람, 그런 인간이 되기를 바라는 것 또한 경전 속에서 길을 찾을 수 있다. 영성에 대한 해석은 종교와 시대를 따라 조금씩 차이가 있겠지만, 그 뜻이 신령스럽고 맑은 영혼과 본래 성품에서는 크게 벗어나지 않는다.

수많은 경전 속에서 맑고 아름다운 영성에 대한 깨달음과 노력들을 떠올리며 생각해보자. '영성'이란 단어가 주는 느낌 중에 무겁지 않은 가벼움을 찾아 우선 풀어나가면 어떨까. 어두움이기보다는 빛과 더욱 자연스럽게 어울리는 영성이면 좋겠다. 이런 영성을 생각하면 희망적이고 밝은 기분이 느껴지는데, 경전에 나타난 영성적 느낌을 담아 표현해 보자. 아주 작은 씨앗으로 시작해서 가지가 가늘게 자라서 무성하게 되고 크고 높게 자라는 거목이 되는 것처럼 인간의 성장에 있어 엄청난 자양분이 된다고 볼 수 있는 것이 경전 읽기이다. 이렇게 영성은 현실 속에서 경전의 도움을 받으면서 가까이 하면 자랄 것이란 생각을 한다. 나에게 경전 읽기는 마음 알아차리기와 영혼의 창고를 채우고 영성이 자랄 수 있는 계기를 제공하는 시발점인 것이다.

경전이 나를 깨우다

마음공부를 위해 읽은 경전 중에 하나인 『바가바드 기타』(경외하는 이의 노래)에 의하면, 감각의 대상에 대한 생각을 하고 있으면 집착이 생긴다. 집착은 욕망을 낳고 욕망이 채워지지 않으면 분노가 일어난다. 분노는 판단력을 흐리게 한다. 그러면 과거의 실수에서 아무것도 배우지 못하고 같은 잘못을 반복하게 되며 올바른 선택을 할 수 있는 힘이 사라진다. 그리하여 결국은 삶이 황폐해진다. 그러나 감각의 세계 속에 살면서도 몰두하지 않고 좋고 싫음을 초월한다면 모든 슬픔이 사라진 고요한 평화가 찾아올 것이며 고요한 평화에 이른 사람은 흔들리지 않는 지혜에 안주 할 것이다. 모든 갈망을 벗어버리고 무심으로 행동하는 사람, '나'와 '나의 것'에 대한 생각에서 벗어난 사람. 그 사람이 평화를 얻는다.

이러한 상태가 곧 『기타』가 말하는 '제어된'(yukta)상태이며, 이러한 상태에 있는 사람을 『기타』는 가장 이상적인 인간으로 간주한다. 끝없는 욕망과 갈구의 갈등과 악순환, 대립과 혼란을 넘어서 평안(sānti)을 얻는 무욕의 사람이다. 그러므로 『기타』가 나에게 지혜의 요가와 행위의 요가, 그리고 신애의 요가를 통해 해탈의 경지를 얻기 위한 첫발을 내딛게 하는 계기를 만들어 주었고 세상을 살아가는데 있어 제어된 상태가 이상적인 인간이란 것을 알게 되었다. 그 중에 가장 큰 울림을 준 것은 흔들리지 않는 지혜로 고요한 평화를 이룰 수 있는 단초도 제공해 주었다는 것이다. 내가 삶을 살아가는 데 있어 가장 근본적인 것은 감각기관과 대상들의 접촉에서부터인 것을 알게 되었다. 그 이후 나의 감각기관들이 대상과의 접촉으로부터 차단하고 분리시켜서 마음(의근)과 지성으로 단단히 제어하고 고정시켜야 하는 점을 세심하게 바라보게 되었다는 것이다. 이렇듯 『바가바드 기타』를 읽으며 자신의 마음 바라보기로 또 다른 나를 깨우기 시작한다.

다음으로 읽은 『금강반야바라밀경』에서는 최상의 바르고 평등한 깨달음을 얻으려는 마음을 낸 사람이 그 마음을 어디에 두며, 어떻게 다스릴 수 있는지를 여쭙고 있는 것이다. 마음! 분명 나한테서 나오는 것인데, 내 맘대로 안 된다! 이 마음을 어떻게 할 것인가? 어디에 머물도록 할 것이며 어떻게 하면 마음의 부림을 당하지 않고 마음을 부리며 살 것인가? 이 마음을 어떻게 써야 마침내 부처의 땅에 들어갈 것인가? 산스크리트어 아뇩다라삼먁삼보리의 '아'는 무無, '뇩다라'는 상上, '삼'은 정正, '먁'은 등等, '보리'

는 각覺, 합해서 읽으면 무상정등정각無上正等正覺이 된다. 아무 상相에도 집착하지 않고 피안에 이르게 하는 금강석 같은 지혜를 담은 경전이라고 칭하는 금강경 읽기가 내 마음을 부리는 방편을 깨닫게 해 주었고, 응무소주 이생기심(텅 빈 마음)이라는 금강경 사구게의 한구절도 얻게 되었다. 시 읽기를 좋아하는 내가 금강경 읽기를 더 좋아하게 되었다.

어둠 깊어 가는 수서역 부근에는/ 트럭 한 대분의 하루 노동을 벗기 위해/ 포장마차에 몸을 싣는 사람들이 있습니다./ 주인과 손님이 함께/ 야간 여행을 떠납니다/ 밤에서 밤까지 주황색 마차는/ 잡다한 번뇌를 싣고 내리고/ 구슬픈 노래를 잔마다 채우고/ 빗된 농담도 잔으로 나누기도 합니다/ 속풀이 국물이 짜글짜글 냄비에서 끓고 있습니다/ 거리의 어둠이 짙을수록/ 진탕으로 울화가 짙은 사내들이/ 해고된 직장을 마시고 단칸방의 갈증을 마십니다/ 젓가락으로 집던 산낙지가 꿈틀 상 위에 떨어져/ 온몸으로 문자를 쓰지만 아무도 읽어내지 못합니다/ 답답한 것이 산낙지뿐입니까/ 어쩌다 생의 절반을 속임수에 팔아버린 여자도/ 서울을 통째로 마시다가 속이 뒤집혀 욕을 게워 냅니다/ 비워진 소주병이 놓인 프라스틱 작은 상이 휘청거립니다/ 마음도 다리도 휘청거리는 밤거리에서/ 조금씩 비워지는/잘 익은 감빛 포장마차는 한 채의 묵묵한 암자입니다/ 새벽이 오면 / 포장마차 주인은 밤새 지은 암자를 거둬 냅니다/ 손님이나 주인 모두 하룻밤의 수행이 끝났습니다/ 잠을 설치며 속을 졸이던 대모산의 조바심도

/ 가라앉기 시작합니다/ 거리의 암자를 가슴으로 옮기는데/ 속을 쓸어내리는 하룻밤이 걸렸습니다/ 금강경 한 페이지가 겨우 넘어갑니다.

—신달자, 「저 거리의 암자」 전문

나에게 시는 현실 경전이다. 여기 신달자 시인의 시 한 편을 소개한다. 이 시를 읽으며 무산스님이 여러 스님들과 함께하신 자리에서 말씀하셨다는 구절이 생각이 난다. 석 달 앉아 수행한 것보다 이 시 한 편에 담긴 수행의 무게가 무겁다며 포장마차를 '한 채의 묵묵한 암자'로, 거기서 밤새 술잔 부딪치며 한풀이하는 군상의 풍경을 '하룻밤 수행'이라 표현한 시인의 통찰이, 도道는 사는 데 있지 산속에 있지 않다는 무산 스님의 철학과 맞닿은 것이라 볼 수 있다. 금강경 한 페이지와 삶이 떨어져 있지 않다는 것이 나를 깨우는 경전 읽기였다.

다음으로 읽어 본 경전은 성경이다. 그 중에 〈요한복음서〉이다. 4복음 중 가장 늦게 성립되었다. 공관복음서(마태오·마가·루가·복음을 한데 묶어 부르는 명칭)와는 내용적으로 거의 공통된 데가 적으며 요한신학이라고 할 만큼 그노시스파의 영향을 받은 독특한 신학적 성격을 지니고 있다. 이 복음서에는 한 처음, 천지가 창조되기 전부터 말씀이 계셨다고 되어 있다.

말씀은 하나님과 함께 계셨고 하나님과 한몸이었다. 요한복음에는 말씀의 성육신으로서의 빛, 하나님의 독생자에 관한 증언을 하기 위해 나타난 세례자 요한에 관한 설명, 갈릴리아 지방의 혼인잔치에서 물을 술로 바꾼 기적, 바리새파의 지도자 니고데모와의 대화, 예루살렘 연못가의 고질병환자 치유와 장님의 개안, 예수 자신의 증거에 대한 설명, 죽은 라자로의 소생, 예수의 부활 등 다른 복음서에서 볼 수 없는 기사가 실려 있다. 뿐만 아니라 많은 기적과 표적이 하나님의 아들 예수라는 증거로서 그리스도교 교리와의 유기적 또는 상징적인 연관성에 관해서 해설하고 있다.

또 다른 복음서에 비해 생명이나 사랑이 더욱 강조되고 있어 '사랑의 복음서'라고도 한다. 마음이 머물러 작용도 하기 전에 실천행을 하신 사랑의 예수님을 경전을 통해 만나게 되었다. 실제 예수는 생전에 자신이 신과 같은 위상을 갖는다고 밝힌 적이 없고, 그의 가르침도 지상에서 하나님의 나라를 실현하는 것과 이를 준비하는 마음 자세를 가질 것에 초점이 맞춰졌다. 살아생전의 예수는 현실세계에서 하나님의 나라 실현을 주장하였다.

또한 성경은 성도의 신앙과 생활에 있어서 규범이 되는 책일 뿐만 아니라, 구원의 길을 제시하는 생명의 책이기도 하다. 성경의 내용에서 주의 깊게 살펴본 구절은 다음과 같다. 구원에 이르게 한다(딤후 3:15). 마음의 생각과 뜻을 감찰한다(히 4:12). 거듭나게 한다(벧전 1:23). 행실을 깨끗하게 한다(시 119:9). 범죄하지 않게 한다(시편 119:11). 인생의 앞길을 인도한다(시편 119:105). 거룩하게 한다(요 17:17). 생명을 얻게 한다(요 20:31). 악한 자를 물리치게 한다(엡 6:16-17). 앞길이 평탄하고 형통하게 한다(수 1:8). 진리 가운데서 자유하게 한다(요 8:32). 등이다. 현실에 부딪힐 때 나를 일깨우는 경전의 경구들이다. 이렇게 스스로 믿는 자와 따르는 자가 참 종교인으로 거듭날 것은 너무나 자명한 일이다.

내가 경전에 대해 갖고 있었던 선입견은 어렵고, 난해하고, 종교적이라는 것이었다. 더군다나 그런 경전을 읽는다는 건 왠지 낯설고 의아하게 느껴졌다. 꼭 필요하다고 생각되지도 않았고, 그로 인해 읽어도 그만, 안 읽어도 그만이라는 태도로 임했던 것도 없지 않아 있었던 것 같다. 나는 무엇 때문에 경전 읽기 시간을 가지고, 또한 어떠한 마음으로 읽을 것인가를 반문하기를 반복한다. 나와의 대화를 끊임없이 이끌어내면서 자기 성찰이 가능한 것이 경전 읽기였다. 여러 경전들의 특징과 그 경전들이 전하고자 하는 내용들을 살피면 살펴볼수록 조금씩 내가 가진 껍질을 벗고 영혼에 울림을 주었다. 더 나아가 경전 읽기를 통해 나의 세계관을 더 확장할 수 있는 계기를 마련한 것이 사실이다.

시선을 달리 하면 보이는 경전의 세계관들

종교적인 이유로 경전을 멀리했었을 때도 있었다. 그것은 너무나 편협한 사고였다. 그런 이유와 상관없이 고전문학의 시선으로 접근해서 읽어보기로 한 것이었다. 문학적인 깊이와 넓이의 끝없음에 저절로 탄성이 터져 나왔다. 그리하니 설화적이거나 비현실적인 표현과 형이상학적인 표현에도 몰입할 수밖에 없었다. 오히려 지극히 자연적이고 현실적이라는 생각을 하게 되었다. 일원론의 『기타』는 기원전 2세기경 초기형태인 수론·요가철학사상이 많이 반영되어 현실적인 부분을 먼저 이해하고 읽으면 된다. 여러 분야의 예술을 표현하려는 사람이면 더더욱 꼭 한 번 섭렵해야 한다고 생각하며 읽었다. 역사적인 측면에서도 살펴볼 점들이 너무 많았고 동서양철학을 살펴보는 데에도 도움이 되었다.

근대철학에 따르면, 실질적 문제해결을 위해서 형이상학적 사유는 무의미한 사변이 아니라 실천을 위해 변증법적 유의미성을 갖는다는 데 공감을 하게 되었다. 그래서 형이상학적 질문들을 논리학과 철학적으로 이해하는 것이 더욱 시간 낭비 없이 진정한 수행이나 실천적 신행의 길로 나가는데 더 도움이 된다고 했던 것도 이해가 되었다. 서양철학은 17세기부터 인간의 지적탐구에 대해 가능한 두 가지 영역으로 분류했다. 칸트는 분석판단과 종합판단이라는 영역으로 구분했고, 관념과 사실이라는 명제에 대한 데이비드 흄이나 이성의 진리와 사실의 진리라는 라이프니츠의 견해들에 의하면 수학과 논리학. 자연과학만이 참과 거짓을 가릴 수 있고, 신학이나 형이상학은 사기와 기만에 찬 환상을 다룬다고 폄훼했지만, 신학과 형이상학

속에도 이성의 진리와 사실의 진리가 숨어있다는 것을 경전을 읽으면서 알 수 있었다.

시선을 다르게 하여 마음으로 다가가보기 바란다. 경전에는 생활과 밀접하게 연결된 점들을 발견할 수 있었고 철학사적으로도 경전의 경구들은 그 파급력이 어마어마하다. 부처님도 14무기十四無記에서처럼 형이상학적인 질문을 받았을 때 바로 이러한 관점에서 물어서는 안 되는 엉뚱한 질문들을 꿰뚫어 보셨고, 사성제를 통해 열반에 이르는 길에 집중하지 못하고 지적으로 감당이 안 되는 문제들을 붙잡고 씨름하는 것을 경계하라고 하셨던 것이다.

20세기의 형이상학에 대한 서양철학의 결론을 2천5백년 전부터 부처님은 이미 잘 알고 계셨던 것이다. 경전들을 가까이 하기에 어려운 점 중에 유일신론과 형이상학적인면을 비판한 부분에서 우리의 합리적인 수용의 예를 조금씩 들어 보았다. 기복의 신앙으로 읽는 경전 읽기 보다는 마음을 챙기고 닦는 경전 읽기를 하자. 이러한 사실을 인지하며 경전 읽기를 하다 보면 나의 감각기관들이 경전이라는 대상과의 접촉에서 품은 의문과 궁금증이 조금씩 풀린다고 본다. 명상과 같은 수행도 함께 하면서 호흡의 안정을 가져와 세상을 바꾸는 마음의 힘이 생긴다. 마음을 밝게 하고 마음의 근육을 키우면 차원이 높아지니 거듭나는 효과가 있다.

그런 다음 세상과 소통하고 조금이라도 세상을 바꾸는 데 기여한다면 더할 나위 없지 않겠는가! 그것이 바로 마음의 천국에도 조금은 가까워지지 않을까 한다. 이러한 마음의 에너지들이 모여 작용과 반작용으로 이루어 가는 세상 속에서 영혼의 창고에 좋은 에너지가 가득한 인류들과 공동번영의 꿈까지도 꿀 수 있지 않을까 하고 생각한다. 영성이 맑은 사람들이 점점 많아지는 세상을 꿈꾸어 본다. 이렇게 나를 깨워서 세상과 잘 소통 할 수 있는 좋은 방편이 바로 경전 읽기다. 현재를 살아가면서 저마다 버킷리스트에 '꼭 한 번은 추가할 인생 여정에 경전 읽기'를 추가해 볼 것을 강력히 추천하는 이유다.

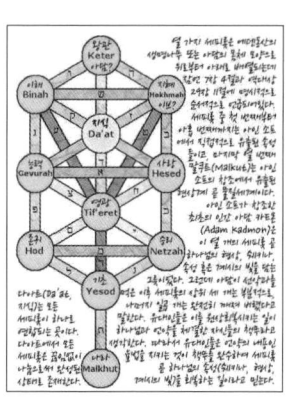

인류는 아인 소프(Ain, Sop-神)를 향하고 있다
─『유대신비주의 카발라와 생명나무』를 읽고

생명나무는 신과의 온전한 합일을 나타내는 그림이다

카발라 생명나무의 핵심은 사람을 비로소 사람 되게 하는 하나님-나는 나 즉, 존재다. 카발라에서 말하는 아인은 부정되어야 할 인식의 세계를 덮고 있는 검은 구름이다. 생명나무 그림을 그리기 전 우리가 먼저 만나야 하는 것은 아인(Ain)이다. 아인 소프는 실존적 자각이고, 아님의 끝없음이며 실존 인식의 통절함이다. 그 이후에 아인 소프에 빛이 찾아온다. 이것이 아인 소프 오르이다. 여기서부터 창세기 1장이 열리기 시작한다. 그리고 아인 소프 오르는 케테르를 통해 창조 통로를 열어간다는 점이다. 빛의 왕관이 비로소 씌워졌다. 물리적 세계의 창조 이야기가 결코 아니다. 존재 세계가 개현되어가는 이야기이다. 우리는 아인 소프 오르의 예수님을 들여다볼 필요가 있다. 예수님은 아마도 대자존재(-스스로를 위한 존재)이었을 것이다. 노예가 아니라 비로소 스스로를 위한 존재요, 카발라의 '아인 소프 오르'이다. 그래서 그 많은 공부 중에 유대교의 밀교(신비주의) 전통도 충분히 공부한 예수님일 것을 전제하고 여러 종교를 통합해서 카발라와 생명나무에 대해 살펴보고 알아보고자 한다.

유대교 전통에도 밀교적인 전통이 있다. 그것이 카발라이다. 수비학적이며 천부경과도 비슷하다. 천부경도 1부터 10까지 숫자로 우주를 설명하고, 카발라를 보면 세피로트가 있다. 맨 위는 무극 (아인 소프) 무한정자라는 곳, 그 아래 태극 (창조주) 십수가 갈무리 되어 있다가 펼쳐지는데, 이 태극 안에 십 수의 원상原像이 들어있다. 즉, 이 원상이 서양철학에서는 '이데아'라고 한다. 하나님 마음 안에 무극의 하나님 태극의 하나님이면, 이 하나님 마음 안에 열 개의 숫자 원리가 갈무리 되어 있는 것이다. 그것의 모양이 세피로트의 모양으로 갈무리 되어 있다고 보는 것이다. 영적으로 이 진리가 들어있다는 것이 세피로트이다.

유대교의 카발라를 수련하는 분들은 이것으로 연구하는 것이다. 수리도 연구하고 이 안에 담겨져 있는 메시지도 연구하다보면 영생의 비밀도 나온다고 한다. 세피로트에서 양쪽으로 갈라져 있는 것을 선악나무라 하고 가운데 나무기둥을 생명나무라고 보는 것이다. 실제로 이것은 밀교적인 것과 관련이 있다고 한다. 인도에서도 등줄기 안에 두 가지 맥이 갈라져 있는데 가운데 축맥이 열리면서 우리가 정수리에 해당되는 '사하스라라'라고 하는 정수리 챠크라가 열리면서 우리는 하나님하고 통한다는 이론과도 연결되어 있다. 몸의 앞뒤 가운데에 있는 축맥을 말할 수도 있고, 실천적인 챠크라 수행과 연결되어 있다고도 한다. 실제로 카발라와 관련된 책들을 보면 랍비들 중에 이것을 공부한 분들은 몸 안에 기둥을 세우고 얼마나 유지할 수 있느냐 라는 것을 제자들에게 질문한다고 한다.

  티벳 불교나 밀교들은 다 안다고 한다. 축맥을 세워야 되기 때문이다. 찢어져 있다는 것은 음양의 분열을 상징하고 선악과는 분열, 생명과는 통합이다. 통합 안에서 영생을 얻는다. 몸의 기둥을 세워야 한다. 몸 안에 기둥을 찾는 현상 중에 호흡이 있다. 호흡의 길이가 2분이 넘으면

축맥이 열린다고 한다. 우리가 호흡을 늘일 때는 몸을 조금 구부정하게 수련해도 되는데 기둥을 세울 때는 몸을 똑바로 세워서 곧게 펴야 한다. 이때는 우주랑 하나로 통하고 신묘함이 느껴진다고 한다. 이것을 곧게 세우는 것이 생명과를 얻는 비결이라고 한다.

유대교에서 생명과라는 것은 에덴동산에 다시 들어가는 것, 천국에 다시 들어가는 비결이 생명과라고 한다. 선악과만 먹고 쫓겨났으니 이 땅에 분열상으로 쫓겨났는데 다시 통합되어서 천국에 다시 들어가겠다는 게 에너지. 즉, 영생이라는 에너지체를 얻는 것으로 연결되어 있다. 다시 생명과를 얻는다는 것은 생명나무를 내 몸 안에서 찾아야 한다. 우리의 몸 안에서 생명의 나무를 찾으라 한다. 그리고 그 열매를 얻으라 한다. 이렇게 화두처럼 제시하고 있는 당시의 랍비들 중 이런 공부를 한 밀교전통이 있으니까 엘리야나 예언자들이 살아서 막 하늘로 올라가 버린다는 이야기가 있다. 이런 이야기가 신비롭고 비밀스러운 현상들이기만 할까? 아인 소프로 향하는 것으로 받아들이고 싶다. 그것이 신과의 합일이다.

진화하고 거듭나라
―우화등선羽化登仙과 금선탈각金禪脫殼

동양에서는 진화하고 거듭난다는 여를 들 때, 우화등선(사람이 신선이 되어 하늘로 올라간다) 또는 금선탈각(금빛매미는 자신의 껍질을 벗어 던질 때 만들어진다)이 되는 것으로 표현한다. 즉 껍질을 벗었다. 이것이 무슨 말인가 하면 우리는 분열된 상으로 살고 있다고 한다. 이 전체(세피루트)를 온전하게 만들어라. 선악과는 버리고 이것만 취해라가 아니다. 세피루트부터 시작해서 원만하게 선악과를 얻고 선악과의 열매도 원만하게 만들고 선악도 분명히 알면서 영생도 얻어야 된다는 식으로 접근해야 맞다고 본다.

세피루트를 잘 살펴보면 재미있다. 밀교전통 일부의 유사점이 서양의 연금술, 카발라, 우리 민족의 신선술에도 있듯이 발상이 무엇인가 하면 우화등선과 금선탈각이라는 것에 들어 있다. 인간이 아직 최종 진화 형태가 아니라고 본다는 것이다. 나비의 애벌레가 최종 진화형태가 아니고 날개가 달려(우화) 날 수 있어야 나비이고, 매미 애벌레로 있다가 허물을 벗고(탈각) 거듭나야 매미다. 이 육신도 인간이 지금 애벌레 단계라고 본다는 것이다. 나비로 진화가 안 되어 있는 것으로 본다는 것이다.

아인 소프의 길, 그곳이 천국이다. 이것이 전 세계 모든 천국론의 핵심이다. 천국은 왜 가야할까? 인간은 아직 애벌레 수준이다. 날아서 원래 천국에 들어가게 되어 있다. 이 육신은 지금 허물인 것이다. 이 육신을 벗고 즉, 전 세계 종교에서 이 육신을 가지고 뭐라 하는 것은 아니다. 그런 주장도 있지만 본질을 잘 모르는 것이라 한다. 육신을 벗고 알맹이를 가지고 내가 키워놓은 보신을 가지고 천국에 가는 것이라고 한다.

천국(극락정토)은 보토報土지 예토穢土가 아니다. 물질세계가 아니라는 것이다. 영적인 세계다. 영적인 세계에 들어갈 때 내 몸은 에너지 몸을 얻는 것이다. 그 에너지 몸이 물질계에서도 작용을 할 수도 있는 것이지만 본질은 영적인 세계이고, 영적인 몸을 만드는 것이다. 그래서 천국 가는 것을 이렇게 표현하는 것이다. 그러면 동양에서는 신선세계가 천국이다. 신선세계에 가려면 우화등선해서 거듭나야 된다. 인간의 몸은 애벌레 단계이다. 그러면 호흡을 잘 해야 한다. 내안에서 영생의 열매를 얻어가지고 에너지체를 각성시켜 놓으면 죽건 죽기 전이건 그 에너지체를 가지고 천국에 들어갈 수 있다는 것이다. 신선세계에 들어 갈 수 있다고 보는 것이다.

진화해야 된다. 지금의 인류는 애벌레 단계인 것이다. 사도 바울이 이 이야기를 정확하게 알고 있다. '씨앗이 떨어져 죽어야 알곡을 얻는다. 이 육신 썩어 없어지는 몸은 씨앗이고 얻는 알곡은 썩지 않는 영적인 몸이다. 영적인 몸이라야 천국을 수용할 수 있다. 받아들일 수 있다'고 했다. 또, 석가모니도 똑같이 다 얻으신 분이란다. 성자들은 저것들을 다 얻었다고 한다. 석가모니는 초기불경 사문각에서 사문이 얻는 과보가 무엇이냐고 하니 얻은 결과물의 몸을 이야기 한다. '의성신意成身을 얻는다.' 얻을 때 그 정황을 이렇게 이야기 한다. "뱀 허물에서 뱀이 빠져나온 것과 같다. 의성신이 뱀의 실체요, 이 육신은 뱀의 허물이다.", "칼집에서 칼을 뺀 것과 같아서 육신은 칼집이고 칼의 본체는 의성신이다." 이것보다 영적인 몸 설명을 더 어떻게 잘 할 수 있을까요? 석가모니 부처님이나 사도 바울이나 동양의 신선사상이나 다 같은 이야기를 한다. 최종 진화가 안 되어 있다고 말하고 있다 한다. 인간은 계속 진화해야 한다.

이 인간도 진화해야 한다고 보는 것이다. 진화를 해야 천국에 들어간다는 관점이 유대교 안에도 있는 것이다. 우리는 지금 선악과 밖에 못 얻었고 선악과도 제대로 활용을 하지 못하고 있다는 것이다. 생명과까지 얻어야 우리는 하나님처럼 선악도 판단할 수 있고, 생명과까지 얻어야 하나님 세계로 들어간다. 이것이 세피루트에 있는 것이다.

완전한 인간이 되려면 하늘과 땅이 합쳐져야 하고 남성성과 여성성이 합쳐져야 한다. 그래서 예수님이 도마복음에 보면 남과 여가 합치고 위와 아래가 합쳐서 남자도 여자도 아니고 위도 아래도 아니게 만들어 봐라 그러면 새로운 몸이 만들어진다. 영혼육이 온전히 거듭나서 부활하는 것을 말하는 것이다. 새로운 에너지체를 얻은 영생을 말하기도 하고 앞의 세피루트와 똑같다. 내 몸에서 세피루트를 찾아보자. 자라고 자라 내 몸의 허물을 벗고 날아오르면 신선체가 만들어진다. 신선의 몸이 된다. 진화해야 한다. 진화해야 그 몸으로 천국을 간다. 예수님도 거듭나야만 천국에 갈 수 있다고 했다. 다시 태어나야 된다. 그

때 생명수를 가지고 거듭나라. 내 피와 살을 너희도 먹어야 된다고 했다. 이처럼 진화하는 애벌레가 날개를 달아서 날고 껍질을 벗어 거듭나면 빛을 만나 아인 소프(무극)와 가까워질 것이다.

아인 소프에 닻을 내릴 때까지

유대교에 의하면 생은 한 번뿐인 것으로 심판을 받는데 나중에 심판의 날에 심판을 받는다고 한다. 이 말 자체가 모순인 것 같지만 윤회론을 전제한다면 세세손손 그것이 인연이 된다. 그것이 보신이 닦여 나중에 영화를 얻을 것이다. 지금 얻은 사람은 바로 천국에 영화를 얻어서 들어갈 수 있다. 사실은 윤회를 빼고 이야기 하니까 말이 안 되는 것이다. 그래서 실상을 아는 것이 중요하다 이렇게 공부해서 스스로 진화하는 것이다.

사도 바울의 주장도 '진화하라'이다. 그 자신도 진화하려고 노력했다. 카발라도 다 그런 차원에서 유대교 안에 전승되어 오던 것이 중세 유럽에서 유행했다. 이런 영적 전통은 자명한 것이고 유대인들 안에도 있었다고 본다.

왜냐하면 유대인 예언자들 중에 살아서 하늘나라에 올라간 진짜 우화등선한 엘리야는 신선이다. 동양에선 엘리야가 신선이다. 살아서 그냥 하늘나라로 올라가 버렸다. 육신을 갖고 간 것이 아니니까 육신은 의미가 없다. 보신(報身-선행공덕을 쌓은 결과로 부처의 공덕이 갖추어진 몸)이 중요한 것이다. 살아서 우리 눈앞에 올라가는 것이 보였다고 해도 보신 에너지체를 얻었기 때문에 그것이 가능한 것이다.

이렇게 카발라 신비주의의 아인 소프로 시작해서 예수님의 천국, 그리고 부처님의 극락정토와 신선계 등 여러 방향에서 한 번 더 생각해 보았다. 결과적으로 우리는 하나의 아인 소프를 향하고 있다. 아인 소프를 향해야만 한다. 온전하게 하나 됨을 위해 세피로트로 다시 한 번 내 몸에 기둥을 세우자. 거듭나는 방편으로 쓰자. 구원의 길은 짐승의 형상이 사람의 형상을 거쳐 신의 형상으로 이행하는 것이다. 그리고 비존재에서 비로소 존재에 눈뜨고 사는 것이다. 나는 지금 어디쯤에 있는 것일까? 아인 소프에 닻을 내릴 때까지 경전 읽기로 더 진화하고 거듭나리라.

황선화

성경을 읽는다
—성경에 밑줄을 긋지 말고, 삶에 밑줄을 그어라[1]

 초등학교 5학년 때 처음 교회에 갔다. 마을 앞 저만치에 웅크린 새집처럼 자리한 학교, 그 뒤로 150여 호가 모여 사는 동네가 날개처럼 펼쳐져 있었다. 한 학년이 한 반밖에 없는 작은 시골학교에 어느 해 잘생긴 총각선생님이 오셨고 5학년이 된 우리의 담임이 되었다. 선생님은 기독교 신자라고 했다. 학교와 마을 중간에 교회가 지어진 것 역시 그즈음이었다. 교회가 먼저였는지 크리스천 담임선생님이 먼저였는지 명확하지 않지만, 벽촌을 살랑이던 변화의 바람 따라 교회도 함께 세워졌.

 누가 시키지도 않았건만 우리는 교회로 가곤 했다. 시험이 코앞에 닥칠 때면 더 부지런해졌다. 작은 손을 모은 기도는 고작해야 '시험 잘 치르게 해주세요!'였으니 얼마

---

[1] 기형도 시인의 시, 「우리동네 목사」 한 줄을 빌려왔다.

나 귀여운 기도인지. 중학교 무렵 멀어진 교회에 인연 따라 다시 나가기도 하고 성당에서 몇 개월 교리 공부를 한 적도 있다. 그때마다 성경을 접했지만 오롯이 읽어보지 못한 채 선물 받은 성경책만 늘어갔다. 결혼 후 어느 겨울 우리 가족은 성경 읽기를 시도했다. 마침 책장에 세 권의 성경이 있어서였지만 늘 성경을 읽고자 하는 마음 때문이었으리라. 우리 세 식구의 성경 읽기는 그 겨울을 넘기지 못했지만 재미난 추억으로 남았다.

성경 필사를 시도한 적도 있다. 몇 차례의 도전엔 공통점이 있었으니 늘 간절한 기도가 함께였다. 기도를 얹지 않은 순수한 필사가 아예 없는 건 아니지만 그때의 꾸준함은 현격히 낮았다. 기도도 필사도 바라는 바를 마음에 품고서였다. 어디에선가 들은 대로 시편이거나 잠언이었고, 가족 성경 읽기 역시 〈잠언〉부터였다. 이번에 다시 읽으니 새삼 깊이 와닿는 구절이 가슴에 고인다. 지금 여기의 내가 마주치는 새로운 파동이다.

단지 성경만이 아닌 여러 경전을 읽는 시간이지만 유독 성경에 마음이 쓰였다. '우리만'이어야 한다는 말에 발끈해서 발길을 돌렸던 적이 몇 번 있는 나, 아무래도 앙금이 남았던 게다. '우리 교회여야만 해요.' 지극히 편협한 그런 관점은 고려할 가치조차 없다는 걸 그때도 알았을까. 하지만 성경을 읽지 않은 채로 그 마음을 해소하기엔 아쉬웠다. 그럼에도 불구하고 종교적인 삶을 원했던 내가 찾고자 했던 것을 발견하게 될지도 모르는 일 아닌가.

'믿음'이 적어서일까. 찬찬히 읽는 성경에서도 여전히 이스라엘만 사랑하는 하나님이 야속했다. 대저 이스라엘 백성에게는 자식을 나무라는 부모의 훈계처럼 혼을 내시고 그 대적자에겐 가차 없는 벌을 내리시는 하나님의 편파적 사랑을 이해하긴 어렵지만, 〈잠언〉의 경구에 이르니 하나님을 붙잡고 살아가는 삶이랄 것에 대해 생각하게 된다. 내 안의 중심, 그 연약한 기둥을 단단히 붙들어두기 위한 한 줄기 벼락같은 것, 성경이 오랜 세월 생명력을 잃지 않는 근저에는 니체가 말한 그 '망치'가 있기 때문이 아닐까. 가슴을 흔드는 말씀을 품고 살아가기 위해 의심 없는 '믿음'으로 견고해지는 삶을 위해, 나의 망치를 찾고 싶었던 건지도 모르겠다.

믿음이 부족한 시대, 믿음을 되찾고자 고심하는 마음을 칼바람이 베고 간다. 우크라이나와 러시아 전쟁이 끝날

기미를 보이지 않는 중에 또 다른 전쟁이 시작되고 말았다. 하마스와 이스라엘, 옳고 그름의 판단 이전에 수많은 생명을 앗아가는 전쟁이 옳지 않다는 건 분명하다. 벌써 2년을 넘긴 전쟁은 뉴스로 전환되는 순간 가상세계의 일처럼 현실감이 떨어진다. 일상의 분주함에 무심해지고 세계 경제에 미치는 지표를 살피며 방관자가 되어가고 있는 우리는 정말 괜찮은 걸까.

성경을 읽으며 불편해지는 감정 어느 즈음에 여성에 대한 관점도 있다. 은근한 듯 노골적인 대상화라고 해야 할까. 여성은 이러해야 해! 라는 시선이 있다. 가부장적인 아버지가 딸들에게 강요하듯. 하지만 이브 이전의 릴리스가 자신 역시 흙으로 지어졌으니 당신과 동등하다며, 힘으로 자신을 복종시키려 한 아담을 버리고 에덴동산 밖으로 뛰쳐나간 것처럼 우리 또한 우리를 가두는 벽을 넘어서야 한다. 릴리스를 닮은 내 안의 자유를 발견해야 한다.

이스라엘 백성을 이끌고 애굽을 탈출해야 하는 사명을 지닌 모세, 그를 지킨 중심엔 미리암이 있다. 히브리 사내아이들은 모두 죽을 운명에 처했지만 용감한 누이 미리암이 지켜보는 가운데 그를 태운 바구니는 파라오의 딸 앞으로 떠내려간다. 영리한 미리암이 얼른 제 어머니를 유모로 추천하니, 모세는 다시 어머니 요게벳의 품에서 자랐다. 추격하던 태양신의 군대가 맥도 못 추고 무너진 홍해의 기적 앞에서 망연한 이스라엘 백성들의 마음을 하나로 묶은 것 역시 모세가 아닌 미리암이었다. 소고를 잡고 나선 미리암을 따라 모든 여인들이 함께 군무를 추며 야훼를 찬양한다. 성경은 "아론의 누이요 예언자"라고 에둘러 표현함으로써 우리가 얼른 알아채지 못하도록 하고 있지만, 미리암은 내내 백성들 사이에서 함께 고난을 겪어낸 진정한 리더였다.[2]

성경 속 여성 중 또 한 사람 라합에 대해 『핑크 리더십』의 작가 구미정은 각별한 해석을 붙인다. "라합이 매단 주홍색 줄은 안에 속해 있으면서 내부를 비판하는 통찰과 용기로 말하자면 그녀는 내부 고발자이자 반역자다." 시대를 읽을 줄 알았던 라합은 〈히브리서〉 11장에 기록된다. 다윗에게로 이르는 가계, "〈마태복음〉 예수 족보에도 당당히 이름이 올라가 있는 그녀는 이스라엘이 광야 시대에서 가나안 시대로 넘어가는 연결고리로 창녀 라합을 통해 한 시대가 태어난다."[3]

---

2) 구미정, 『핑크 리더십』, 생각의나무, 2010년, 64-66쪽.

릴리스와 미리암, 라합을 새롭게 발견하는 글을 읽으며 느끼는 작은 전율은 그 인물만이 아니라 그것을 해석하는 힘에 대한 감탄이자 깊이 읽는 이의 사유를 따라 나의 지평을 넓혀가는 즐거움이었다. 다르게 보고 해석하기 위해 필요한 건 용기다. 겨우 읽고 있는 『성경』을 앞에 두고 이런저런 생각들을 무람하게 펼쳐 보는 것 역시 그 첫걸음이 되지 않을까.

요셉이 꾼 꿈은 요셉을 구원의 길로 인도했다. 더불어 아버지와 형제를 비롯한 자기 백성을 구했다. 우리는 어떤 꿈을 꾸어야 할까. 어떤 꿈이어야 "네 이웃을 사랑하라"는 예수의 말씀에 "내 이웃이 누구인지" 묻지 않고 내 앞의 너를 사랑하게 될까. 역지사지의 마음, 우리 정서에 있는 역지사지易地思之는 상대의 처지를 살필 줄 아는 지극한 배려이다. 전체를 살필 줄 아는 통찰이다. 성경을 잘 읽는 것 또한 통찰의 안목을 키우는 여정임을 안다. 매일 아침 책상에 앉아 펴는 첫 책이 성경이라는 어느 작가의 문장에 고개를 끄덕이며 나도 밑줄을 긋는다.

「우리 동네 목사님」에서 기형도 시인은 "성경이 아니라 생활에 밑줄을 그어야" 한다고 말한다. 성경에 밑줄을 긋

---

3) 앞의 책, 97쪽.

지 말고, 삶에 밑줄을 그으라는 시인의 말은 읽는 것에 그치지 말고 실천에 이르러야 한다는 말이다. 밑줄만 긋느라 알아채지 못하는 진실이 먼저라는 얘기다. 끝나지 않는 전쟁, 기후위기 등 전지구적 고통 앞에서 우리는 어떤 밑줄을 그어야 할까. 어떤 밑줄을 그을 수 있을까. "필사는 사람을 좋게 해요." 최근 어느 모임에서 필사의 좋은 점을 묻는 어른들에게 한 아이가 한 말이다. 성경을 필사하면 '좋음'의 폭이 커지지 않을까. 신화와 역사를 아우르는 편견과 차별 속에서도 제 할 일을 해내는 여인들을 만날 수 있으니 말이다. '사람을 좋게 하는' 필사를 그것도 성경 필사를 한다면 이 세상이 더 나아질 것 같은데 말이다.

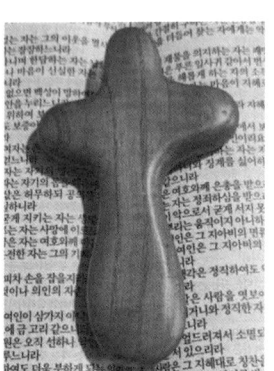

어디에 있느냐

그는 어디에 있느냐

 카인과 아벨, 기독교 신자가 아니라도 낯설지 않은 이름이다. 낙원에서 쫓겨난 아담과 하와의 아들, 인간 최초의 자식들. 아벨은 양을 치는 목자가 되었고 카인은 밭을 가는 농부가 되었다. 각자의 수확물로 야훼께 제물을 올린 두 사람, 사달은 여기에서 난다. 아벨의 제물은 반기시고 자신이 바친 제물은 받아주시지 않자 실망한 카인, 도대체 왜 자신이 올린 제물은 받지 않으시는지 알 수 없어 화가 나고 속이 상할 뿐이다. 질투에 사로잡힌 카인은 아벨을 들로 데리고 나가서 죽이고 만다. 하나님이 자신의 제물을 받아주지 않은 것이 아벨 탓이기라도 한 것처럼, 아벨만 없어지면 될 것처럼.

불쑥 일렁이며 스쳐 가는 건, 내 안에 서성이는 카인의 그림자다. 옹호할 수 없는 죄인이지만 그의 심정이 잡힐 듯 보이는 것만 같다. 막연한 심정 한구석, 어쩐지 카인의 답답한 속내를 알 것도 같은 기분이 되는 건 무슨 조화일까. 내 안의 서툰 질문들 역시 카인과 다를 바 없어서일까. 살인에 이르지 않은 질투는 죄가 아니라고 당당할 수 있을까. 그 물음에 답을 찾을 수 없었다. 많은 이들이 그와 같은 의문을 가졌나 보다. 아벨의 제물이 선택된 건, 당시의 유목민에 대한 인식을 보여주는 것이라는 해석까지 분분했다고 하니, 카인의 속상함에 동조하는 마음들이 꽤 있었던 듯하다. 아마도 현실에서 자신도 종종 직면하는 까닭이 아닐까? 노력이 모두 성공에 이르지 못한다는 건 이미 잘 알고 있는 일이며, 나로선 온 마음을 다했는데 알아주지 않아서 상처받고 억울할 때가 종종 있지 않은가.

카인이 억울하다는 생각에 나도 마음이 멈춘다. 어떻게 그럴 수 있느냐고, 그건 불공평하지 않냐고 역성드는 나는 일상에서도 자주 미끄러질 때가 있다. 강요받지 않은 수고를 알아주지 않는다고 서운해 하며 마음이 뾰족해지곤 하는 것이다. 온 생을 담보로 애쓴 엄마에게까지 뿌루

퉁한 마음을 가진 적 있으니 더 말해 뭣하랴. 아직도 어른이 되지 못했다는 자괴감 한편에 유약한 삶의 태도가 불쑥불쑥 고개를 드는 건, 카인처럼 무너졌기 때문일 것이다.

"네가 만일 마음을 잘못 먹었다면, 죄가 네 문 앞에 도사리고 앉아 너를 노릴 것이다. 그러므로 너는 그 죄에 굴레를 씌워야 한다."(창세기 4:7)는 말씀에도 불구하고 동생 아벨을 꾀어 들로 데리고 나간 카인처럼 나를 갉아먹는 생각들에 '굴레'를 씌우지 못하고 휘청인다. 제 손가락에 박힌 가시만 아프다며 도망치기에 급급하다. 내 곁의 아벨은 무수히 많으니 빌미 삼아 스스로의 내면과 마주치기를 회피했다. 지천명도 소용없다. 때가 이른다고 저절로 되는 건 없다. 그러니 이제라도 외면 대신 직면, 질투 대신 성찰이 필요하다. 삶은 고통이라 우리에게 무수한 시련을 주지만 그때마다 쓰러져 죄인이 될 수밖에 없었노라는 변명 대신 올라서야 하는 것. 그 가운데서 성장이 이루어지는 것임을 알 때 부서지지 않고 한발 더 나아갈 수 있다. 정을 맞을 땐 아프지만 돌은 점점 더듬어지는 것처럼.

"네가 아무리 애써 땅을 갈아도 이 땅은 너에게 더 이상 소출을 내주지 않을 것이다. 너는 세상을 떠돌아다니는 신세가 될 것이다."(창세기 4:12) 인류 최초의 살인자, 저주받은 몸으로 쫓겨나는 카인. 아우의 피를 받아낸 땅에서는 수확을 내주지 않고, 세상을 떠돌며 헤매는 신세가 된 그는 갈 곳이 없다. 땅이 거부한 농부의 삶, 죽음과 다름없다. 아벨만 죽은 게 아니라 카인 역시 죽은 것이다. 네가 없어진다고 내 것이 되는 것이 아니다. 애초에 네 것 내 것을 구별할 필요가 없었다. 이번엔 아벨의 재물을 받아주셨으니 다음엔 내가 올린 재물을 받으실거라는 기대로 몸을 낮췄어야 했다. "제가 그를 지키는 사람입니까?"라며 불퉁한 마음 대신 두 번째를 받아들일 수 있어야 했다.

안다. 모두가 일등일 수 없는 세상에 일등만을 강요하는 건 불합리하다며 목소리를 높이고서도 그것이 내 일이 될 때 우리는 자기모순에 빠진다. 그저 섭섭하고 그저 억울할 뿐이다. 하지만 세상은 얼마나 많은 부조리와 불공평 속에서 굴러가고 있는지, 살아가는 건 하루하루 깨어짐 속에서 그것을 목격하는 것이 아닌가. 그래서일까. 하나님은 끝까지 카인을 내치지는 않으셨다. 만나는 사람마다 자신을 죽이려 들 것이라며 두려움에 떠는 그에게 "그렇게 못하도록 하여주마. 카인을 죽이는 사람에게는 내가 일곱 갑절로 벌을 내리겠노라며 표를 찍어주셨다."(창세기 4:15) 죄인 카인에게 '놋'에 자리 잡을 마지막 기회를 주셨다. 죽을죄를 지은 카인이지만 다시 삶을 살아간다. 후손들이 살아간다. 카인의 실수를 되풀이하지 않을 수 있다면 우리의 생은 무지갯빛이 되지 않을까. 거짓을 고하지 않고 정직할 때, 감히 하나님께 묻고 다음을 기약할 수 있을 것이다.

너는 어디에 있었느냐

간디가 좋아했다는 성경, 〈욥기〉는 하나님께 의로운 의인, 욥이 주인공이다. "그는 완전하고 진실하며 하나님을 두려워하고 악한 일은 거들떠보지도 않는 사람이었다."(욥기 1:1) 야훼는 사탄의 도발에 자신만만하게 욥을 내어주신다. 과연 욥은 달랐다. 자식들을 한꺼번에 잃는 고난 속에서도 "벌거벗고 세상에 태어난 몸, 알몸으로 돌아가리라"며 야훼를 찬양한다. 사탄의 도전은 멈추지 않고 욥 역시 만만찮다. 발바닥에서 정수리까지 심한 부스럼을 토기 조각으로 긁으면서도 "좋은 것을 받았는데 나쁜 것이라고 거절할 수 없다."며 입술로 죄를 짓지 않는다. 주저하지 않고 깊은 바다로 뛰어든 길가메시처럼 욥 또한 주저함이 없었다.

 재난 속의 욥에게 세 친구가 찾아온다. 위로의 말은 조언과 충고를 지나 판단에 이르니, "너에게 죄가 있을 것이다." 분명 시작은 위로였으나 때로 위험한 판결이 되는 것이다. 아니 땐 굴뚝에 연기 나겠느냐는 심사는 어쩌면 당연하고, "여인에게서 난 사람이 어찌 순결할 수 있겠느냐"며 네 죄를 실토하라지만 욥의 답변은 강건하다. "털고 또 털어도 나는 순금처럼 깨끗하리라."(욥기 23:10) 그런 욥이지만 결국 자기의 생일을 저주하고 탄식하기에 이른다. 웃음거리가 된 자신의 신세를 한탄하며 항변의 말을 쏟아낸다. 신실했던 욥의 항변은 고통을 견디는 이의 솔직한 심경이었으니, 다만 믿었으므로 항변 또한 당당하다.

 드디어 욥의 탄식에 답하시는 야훼, "너는 어디에 있었느냐, 그때."로 뭉뚱그려지는 하나님의 한탄 섞인 말씀에 조용해지는 욥, 부질없는 말로 전능을 가린 잘못을 티끌과 잿더미에 앉아 뉘우친다. 나의 수고를 네가 아느냐며

호통치는 야훼는 어느 때보다 인간 친화적이다. 솔직한 항변으로 저항하던 욥이지만 대적할 수 없는 경지에 머리를 조아린다. 울컥하며 자신의 순결을 항변했지만 '너는 어디에 있었느냐?'고 되묻는 하나님의 수고를 받들 줄 아는 욥에게 다시 일곱 아들과 세 딸을 주신다. 전날보다 더한 복을 내려주셨다.

일상에서 우리 또한 그럴 때가 있다. 이건 아니야, 이게 아닌데 하면서도 부지불식간에 하는 말과 행동들. 분위기에 휩쓸려서 하는 것이라 여기지만 분명 감지하는 순간이 있다. 내 판단을 믿지 못해서라지만 그것 또한 핑계이다. 세 친구의 실수 역시 마찬가지다. 처음의 위로가 변질되는 과정에서 놓치는 것들이 있다. 자신의 판단을 있는 그대로 시인하지 못하는 비겁함이다. 욥의 솔직함을 높이 산 야훼께선 욥의 기도로서 그들을 벌하지 않겠노라며 세 친구의 잘못을 짚는다. 새삼 솔직함의 덕목을 높이 사지 않을 수 없다. '죄 없는' 욥의 '벌거벗고 알몸으로 돌아가리라'는 순응, 그 순응 또한 당당함에서 비롯된 것이 아니던가.

아벨을 죽이고 만 카인의 가시는 동생에 대한 시기와

질투였다. 자신을 찌르는 가시임을 알지 못하는 몽매함으로 무참한 죄인이 되고 말았다. 가뿐하게 털고 일어서지 못한 카인의 죄는 무겁다. 다만 목숨을 부지할 뿐 땅도 거부한 농부가 되어 떠나야 했다. 타인을 해하는 데까지 이르지 않더라도 우리 역시 쉬이 빠질 수 있는 가시덤불이다. 신실한 믿음에도 불구하고 맞닥뜨려야 하는 끝이 보이지 않는 시험, 욥은 그 가시를 넘어선다. 자식을 잃고 재산을 잃고 육신을 무너뜨리는 부스럼을 긁어내리며 견딘다. 욥은 그 가시를 정면으로 마주했다. 비굴하지 않았다.

사실 '죄 없는 욥'의 고난이 편치 않았다. 부조리한 세상이 잘못된 것이라고 여긴 때문이다. 삶은 원래 기울어진 추라는 걸 알아도 내 안의 세상은 작은 공평이 우선이었다. 오므린 손바닥으로 받쳐 든 한 움큼 물 정도의 공평으로 기우뚱한 추를 탓했다. 여전히 많은 부분 그렇기도 해서 사소한 것들에서 불평등을 느끼는 반면 대범한 평등은 볼 줄 모른다. 넘어져 버린 죄인 카인에게 벼랑 끝 대신 '놋'에 머물게 해주신 것처럼, 의인 욥이 죄 없음에서 야기된 고난이 억울하지만 넘어선 것처럼 고통에 넘어지지 않고 극복할 수 있도록 내 안의 나를 키워야 한다. 신의 말을 전해주는 귀한 관계를 살필 수 있는 안목을 키워야 한다.

나는 어디에 있는가

 지천명을 지나고 이순을 향해 간다. 문득 나이 듦을 바라볼 때면 늘 인지부조화를 겪는다. 썰물 빠져나간 모래톱에 덩그러니 놓인 불가사리처럼 제 자리를 놓쳐버린 막막함이 휘감는다. 그마저도 한순간의 감상일 뿐 금세 잊기 일쑤인 노년의 시간이 현실적 감각으로 다가왔다. 늘어진 눈꺼풀도 삐걱 꺾이는 무릎도 아닌 실체적 장소, 그 시간과 공간으로 인해서다. 며칠간의 방문이었다. 어제 나눈 인사는 기척도 없이 이번에 새로 온 분이냐는 되물음에 망연해졌다. 단기 기억은 사라지고 먼 기억이 더 생생하다는 말을 들었음에도 어리둥절해지는 걸 막을 수는 없었다.
 엄마 품에 안긴 아이처럼 나를 내맡겨야 하는, 노쇠한 몸과는 반대로 다시 아이가 되어버린 시간. 인지하지 못하는 공간 속 공허한 눈빛, 하얀 웃음만 피워 올리는 무심한 표정, 여섯 조각 퍼즐 판 앞에서 막연한 손끝. 제 손으로 밥을 먹을 수도 없는, 불쑥 닥쳐왔을 그 순간이 눈앞에 펼쳐졌다. 내 안의 나에게 갇혀버린 모습이었다. 그런 중에도 즉각적으로 출렁이는 감정의 너울들, 넓지 않은 복도와 작은 거실을 종일 걸으면서도 끊임없이 내뱉는 중얼거림 옆에서 착잡했다.

머지않은 미래 앞에서 내가 보였다. 시기와 질투만이 아니다. 외면하고 회피한 마주침, 갑옷처럼 단단하게 옥죄고 있는 불안, 지금을 살지 않고 미뤄둔 것들의 비명이 터져 나올 것만 같았다. 내 생의 '가시'를 대면했어야 했다. 찌르기도 전에 돌아서지 말고 묻고 또 물어야 했다. 못난 생각에 사로잡히지 말고 내게 주어진 것들에 감사할 줄 아는 겸허, 더 늦기 전에 되찾아야 할 삶의 태도를 생각하며 몸이 떨렸다.

"바다 밑에 어떤 식물이 살고 있는데 장미처럼 가시가 있다. 그 가시가 그대의 손을 찌를 것이다." 영원히 살 방도를 묻는 길가메시에게 우트나피쉬팀이 알려준 비밀은 샴무, '가시'였다. 야훼가 맨 처음 모세를 찾을 때 오셨던 가시덤불과 같은, 예수가 십자가에 오를 때 머리에 쓴 가시관과 같은. 진리는 쉽게 얻을 수 없으니 고통을 무릅써야 한다는 걸 말해주듯 깊은 바다에 있는 그것은 그의 손을 찔러 댈 가시덤불이다. 하지만 길가메시는 주저하지 않고 깊은 바다로 뛰어들었다. 그리고 그것이 그의 손을 찔렀다.

샘가에서 쉬는 사이 뱀이 물고 가버린 가시, 샴무는 꽉 움켜쥔 순간의 체험만 남기고 사라진 비밀이다. 깨달음은 가볍게 날아가고 그것을 잡았던 쓰라린 상처만 남는다. 우리의 내면을 벼리게 하는 가시가 남는다. '가시'는 하나의 진리. 그러나 영원하지 않았으니 필요한 또 하나의 덕목은 '인내', 애써 구해왔지만, 뱀이 물고 가버린 영생의 풀은 그 무엇도 영원하지 않다는 또 하나의 가르침, 그러니 한없이 가벼워지라는 말씀. 삶의 여정에 무수히 맞닥뜨리는 가시들이지만 상처를 내는 가시이든 삶의 진리를 대변하는 가시이든 그 가시가 삶의 전부는 아니라는 것, 그러니 오늘도 가벼워지기.

다시 제자리로 돌아간 길가메시는 자신이 어디에 서 있는지 확연히 아는 이가 되었다. 갖지 못한 샴무가 그를 키워낸 것이다. 갖지 못한 것에 상처받는 대신 내가 가진 것을 애정하는 굳건함으로, 나를 찌르는 가시가 나를 키우는 그 당연한 진리를 마주할 때, 그때야 비로소 일상의 작은 조각들이 견고해지고 그 안에 담긴 즐거움을 발견하게 될 것이다. 아벨을 질투할 필요 없으며, 힘들고 또 힘들 때면 욥처럼 하나님을 향한 푸념일지라도 정면으로 할 것. 다만 자신의 믿음을 의심하지 않는 것이 핵심. 마음을 다하고 가벼워지기. 한없이 가벼워져 생명의 기쁨과 마주할 때 아벨을 향한 시기에 꺾이지 않는 카인이 될 수 있을 것이다.

나는 왜 기독교인이 되지 못했을까

할머니와 엄마의 기도

　대숲이 바스락거리는 소리를 따라 찾아간 뒤란엔 작은 옹달샘이 몸을 웅크리고 있다. 전날 밤 할머니와 기도하던 몽당초가 밑동만 남아 있기도 하고 어떤 날엔 불빛에 비친 할머니의 두 손을 보기도 했다. 정기 가득한 작은 샘은 할머니를 도와 실력을 발휘하곤 했다. 정말이다. 아랫동네 친구의 이유도 없이 아프던 배가 감쪽같이 나았고, 마당 한가운데 짚으로 피워 올린 불꽃을 재주 넘던 칼끝이 옆 마을 아재 곁 흙 마당에 탁 꽂히면 원인 모를 증상들이 호전된다고 했다. 실제로 나았을 것이라 여기는 건 할머니와 함께 사는 동안 그 같은 일을 종종 목격했던 때문이다.

찬바람이 가시지 않은 설날 아침은 커다란 함지박을 이고 올라 온 작은엄마의 발소리로 시작된다. 어둠이 채 가시기 전 따끈한 떡국이 상에 올랐다. 할머니께 드리는 첫 세배와 함께. 재바른 숙모는 늘 그렇게 새해 첫새벽을 열었다. 지금의 나로선 엄두가 나지 않는 부모 세대의 일상 중 한 단면이다. 그 시간이면 엄마 역시 떡국을 끓이느라 분주했는데, 작은엄마는 한 번도 거른 적이 없었다. 그저 세배만 하지 않고 떡국을 끓여서 이고 오는 이유를 정확히 알지는 못한다. 세배하기엔 이른 시간이었으니 차례상에 올리는 게 목적이지 않았을까 짐작할 따름이다. 할머니의 기도를 더한 첫 음식은 그렇게 차례상에 올랐다. 할머니의 기도, 치성으로 정갈해지는 시간이었다.

'수덕사의 여승'을 즐겨 부르던 엄마는 마을에서 멀지 않은 작은 절에 다녔다. 주로 초파일 무렵이었다. 굳이 한 곳을 고집하지는 않았던 듯하다. 작은 고장이라서 산사가 많지 않았지만 드문드문 골 따라 안온한 능선 자락에 몇 곳이 자리하고 있었다. 영험한 절에 대한 정보는 젊은 엄마들 사이에서 중요한 정보였던 것 같다. 정초엔 토정비결을 보기도 했다. 딱히 연례행사로 삼았다기보다는 새해 맞이 토정비결을 거르지는 않았던 듯하다. 온 가족 무탈하기를 비는 손끝이 따스한 온기로 채워지는 동안 우리는 또 한 해를 보냈다.

제사상을 물리기 전 조상님께 비는 기도는 자손들의 안녕이었다. 할머니의 기도는 자연스럽게 엄마의 기도로 이어졌다. 할머니가 돌아가신 후 엄마 몫이 되었던 그 의례가 늘 해온 것처럼 익숙해 보였던 건 간절한 마음이 담겼기 때문이리라. 자식들 건강하게 해주십사, 하는 일 잘되게 해주십사, 엄마의 기도는 늘 자식들을 향했다. 당신을 위한 기도는 늘 나중으로 밀렸다. 이제는 엄마의 건강을 염원하는 우리들의 기도가 남았다.

중년의 기도

작은 농촌 마을, 널따란 밭 가운데 우뚝 생겨난 교회는 우리에겐 새로운 세계, 신문물이었다. 요즘처럼 다른 오락거리가 있었다면 달랐을까. 하나둘 교회에 다니는 아이들이 늘어갔다. 물론 나도 포함되었다. 그렇게 시작된 기독교 신자 되기를 이어가지 못한 건 순전히 나의 변덕스러움만은 아니라고 여긴다. 일종의 반골 기질이었을까. '우리 교회'여야만 한다는 말이 불편했다. 고작해야 하나밖에 없는 교회에서 하는 그 말은 다른 종교는 없어야 한다는 것이 아닌가, 편치 않았다. 하나님의 힘을 과소평가하는 것 같았다. 그렇게 배타적일 리가 없잖아, 그건 옳지 않아. 그렇게 나는 멀어졌다. 하지만 실망하고 떠나기만 한 건 아니어서 그때 이후 신실한 기독교인이 된 친구들이 여럿인데 긴 세월 후 더욱 굳건한 종교인이 된 모습으로 만났다.

한 학년 30여 명으로 6년을 보낸 우리는 아마도 친구의 감정을 넘어선 듯하다. 젊은 시절 소원했던 시간은 기척도 없이 오랜만에 만난 반가움만 차오른다. 낯선 도시에 머물게 되었을 때, 진작부터 이곳에 자리 잡고 사는 친구들에게 알려야 할 것만 같았다. 나, 여기 왔어. 당분간 이곳에서 지내기로 했다는 말에 서둘러 약속이 정해졌다. 이 도시에 안착한 친구들, 이 도시를 근거지로 살아온 친구들 사이에서 무심한 세월 저편의 우리가 만났다. 쭈뼛거리는 나와 달리 자기만의 개성 따라 단단한 삶을 일궈왔음을 느낄 수 있었다.

늘 만난 사이처럼 스스럼없는 시간, 맛난 식사는 덤이었다. 내 살기에 바빠 안부를 나누지 못하고 살아왔지만 그런 건 아무 문제가 되지 않았다. 한동네에서 자라며 초, 중등학교를 함께 보낸 것이 전부였지만 따뜻한 환대가 넘쳤다. 그렇게 나는 다시 어린 시절 친구들에게 스스럼없이 흘러들었다. 날씬한 키에 늘 명랑한 표정이던 K는 결혼 후 남편과 함께 일군 회사가 중견기업이 되었다고 했다. 환한 미소로 반겨준 친구는 신실한 기독교 신자였다.

  불쑥 전한 안부에 흔쾌한 걸음으로 달려와 준 친구들의 환대는 낯선 곳에 대한 염려를 씻어주었다. 내 편이 있는 것만 같은 느낌이라고나 할까. 드문드문 안부를 나누며 세월을 따랐다. 두 해쯤 뒤 친구 J가 암 치료를 시작했다는 소식이 들렸다. 이런저런 사연이 없지 않지만 중년의 안부를 나눈 지 몇 년 사이 처음 맞는 큰 사건이었다. 작은 규모로 철거 작업을 포함한 인테리어 사업을 해 왔던 J, 폐에 문제가 생긴 것이다. 아무래도 석면 철거에서 비롯된 게 아닌가 짐작했다. 석면의 유해성에 둔감했던 시간을 지나온 것이다. 아무래도 그랬노라는 친구의 답변이 쓸쓸했다.

항암치료를 시작한 J를 보러 갔다. 치료 사이 잠시 기운이 나는 날에 맞춘 일정, 멀리서 온 몇 친구와 부산에 흩어져 사는 친구들이 모였다. 작지만 다부진 체구로 구성진 노랫가락에 풍류가 있었던 J는 유머도 좋았는데, 부숭숭하게 부은 얼굴로 모자를 눌러 쓴 모습이 낯설었다. 기운차던 아이는 나지막한 목소리로 인사를 했다. 위로의 말은 쉽지 않아서, 그래도 좋아 보인다고 그러니 힘내자는 안부만 우리를 둘러쌌다. 그때 친구 K가 꺼낸 건 곱게 포장한 성경이었다. 어쩌면 생의 마지막 시간을 건너고 있는 J에게 건네는 성경, 그건 기도였다. 과한 전도 활동에 종종 거북함을 느끼기도 했지만 그때의 친구 마음은 우리에게도 전해졌다. 자기 삶에 큰 버팀목이 되어 준 신앙의 힘을 전하고 싶은 순정한 마음, 그 위로가 따뜻해서 뭉클했다. 받아드는 J의 손끝이 떨렸다. J가 성경을 읽기 시작했다는 말을 들었다.

호전된다는 안부에 반가운 인사를 나누었지만 두 해를 넘기지 못하고 J는 떠났다. 친구가 권해 준 성경이 그에게 힘이 되어 주었기를 바라는 마음은 남은 우리를 위한 것인지도 모르겠다. 멀리 미국에 가서 사는 S가 부모님을 뵈러 방문하는 길에 만났다. 나이 들어 좋은 점 중 하나다. 40여 년 가까운 시간이 흘렀다는 게 믿기지 않았다. 나이만 더했지 기억 속 친구의 모습이었다. 남편과 두 딸아이가 함께 다녀가는 길, S는 행복해 보였다. 큰 병을 이겨낸 것도 먼 타지에서 아이들을 키우고 일터를 지키며 살아가는 것도 종교의 힘에 기대어 가능했다는 친구네 가족. 교회 공동체가 견고한 울타리라는 걸 느낄 수 있었다. 늙으신 부모님을 뵈러 먼 길을 나선 정성스러움에 감복했다.

 몇 해 전, 30년 저편의 옛 친구를 만난 건 집 앞 마트였다. 아직 내 동네라는 느낌보다는 이방인의 감성, 헛헛한 마음으로 먼 하늘을 바라보는 일이 잦던 시기였다. 남편의 해외 지사 발령으로 떠난 후 소식을 나누지 못한 스무 살 언저리의 친구였다. 또 하나의 콩깍지였을까, 예전 모습 그대로의 친구를 한눈에 알아봤다. 여전한 모습이 오히려 당황스러웠던 건 나와 달라서였을 것이다. 소식도 없이 살아왔지만 망설이기엔 반가움이 컸다. 바로 옆 아파트로 이사 왔다는 친구, 긴 세월의 서먹함은 뒤로 하고 며칠 후 우리는 둘레길을 함께 걸었다.

 우연인지 그 친구도 신실한 신자가 되어 있었다. 무수

히 많은 교회 불빛에 아직 데면데면한 나와 달리 친구는 방언을 경험했다고 했다. 말도 통하지 않고 아는 이 하나 없는 곳에서 두 아이를 키우며 살던 때 혼잣말처럼 방언이 터지곤 했다는 말에 왈칵 눈시울이 뜨거워졌다. 조금 알 것 같기도 했다. 힘들었구나, 많이 외로웠겠구나. 낯선 땅에서 가족을 돌보고 스스로를 지켜낸 힘이었으리라. 그리고 감사했다. 친구를 지켜준 종교에 감읍했다. 친구의 신앙을 의심하는 것이 아니다. 내가 마을 활동 공간을 찾았듯 친구는 주변의 교회를 찾았을 것이다. 불쑥 치고 들어온 전도에 혼미했던가, 이사를 간 친구와 다시 뜸해지고 말았지만 신앙 안에서 평화로울 그녀를 떠올린다.

어린 시절 만난 종교를 오랜 세월 지켜 온 친구들을 보면서 종교를 갖겠노라던 지난날의 결심이 떠올랐다. 교회를 떠난 지 한참 만에 성당을 찾았던 이유이기도 했다. 생래적으로 소심한 나는 종교에 기대고 싶었던 것이다.

나의 기도

무엄하게도 교회 권사인 시어머니를 따라 몇 해 다닌

교회를 다시 뒤로 하고, 이전부터 가보고 싶었던 성당을 찾았다. 교리 공부는 기대보다 체계적이었다. 꽤 긴 시간의 수고를 요구하는 깐깐함에 신뢰가 갔다. 시어머니와의 갈등은 장차 고민하기로 하고 내 선택을 밀어주고 싶었다. 이 또한 오래된 마음, 미뤄두었던 계획이었기에 나에겐 작은 도전이었다.

예비신자 교리 공부 중반부가 넘어가면서 마포에 있는 절두산 성지를 찾았다. 서울에 있는 성당에서는 대개 그곳을 방문하는 것이 관례인 듯싶다. 성지 방문은 각별했다. 찻길을 벗어나 한강을 옆에 끼고 오르는 길에서부터 서울 한복판이 아니라 한적한 오솔길로 들어선 듯 편안했다. 소탈한 풍경은 성지 내 건축물에서도 마찬가지였는데, 반짝거리는 새 건물이 아니라서 더 좋았다. 화려하게 치장하지 않고 애초의 모습 그대로 앉아 있는 공간이 주는 울림은 사뭇 장엄했다. 정결한 마음은 소박함에서부터 시작하는 것일지도 몰라, 마음이 편안해졌다.

하지만 그곳은 치열한 장소였다. 절두산이라는 이름은 병인양요 이후 전국에 척화비를 세우고, 동시에 1만여 명의 가톨릭 신자들을 붙잡아 이곳에서 목을 잘라 처형한 데서 연유한 것이었다. 순교 100주년째인 1966년, 그들의 넋을 위로하기 위해 지어진 기념관은 순교자 기념성당, 박물관, 순교 성인 28위의 유해를 안치한 경당(지하 묘소) 등으로 구분되어 있다. 순교자 기념공원으로 꾸민 앞마당에는 김대건·남종삼의 동상, 순교자 상 등이 있다. 이차돈의 순교 정도를 떠올리는 나에게 절두산 순교성지 방문은 낯선 마주침이었다. 떠들썩하게 드러내지 않아도 그 정신을 오롯이 간직하는 것에 중점을 둔 장소라는 점도 인상적이었다.

'그래, 잘했어. 소박한 기도를 마음 가운데 세우고 살아가 보자.' 경건해졌다. 하지만 성지 방문 이후 이어진 면담에서 수녀님의 공격적인 질문에 넘어지고 말았다. 생채기를 내는 문답이었다. 나를 알지 못하는 그녀가 종교의 이름으로 판단할 때 쿵 했다. 비난이었다. 그건 비수로 바뀌었다. 다음 교리 공부에 갈 수가 없었다. 밀쳐진 마음을 추스르지 못했다. 한 사람이 전체가 아니라는 걸 알지만, 'Please'의 필터[4]를 갖지 못한 나는 뒤돌아섰다. 교리 공부는 중단했지만 종종 성당을 찾아 조용히 예배에 참여하

---

[4] 저 사람 지금 나한테 독이 든 말을 내뿜었지만 저 안에는 나에게 도움 되는 'please'가 있을 거야.

고, 성당 마당 한쪽에 있는 촛불 제단 앞에 두 손을 모으기도 했다. 하지만 길게 가지 못했다. 촛불처럼 조용히 사그라져갔다.

자리를 잡지 못한 이방인으로 떨궈졌다. 현실의 삶을 살지 않는 수녀님의 단선적인 질문, 최근에야 그 같은 태도는 똘레랑스의 대척점이었다는 걸 생각한 정도이다. 비수가 담긴 질문으로 받아들인 건 나의 왜곡된 심상이었을까. 혹여 포기하고픈 마음이 있었던 건 아닐까. 제 잘못부터 찾는 오랜 습성인지 무의식의 나를 알아챈 것인지 아직 판단하지 못했지만, "다른 사람이 생각하고 행동하는 방식의 자유 및 다른 사람의 정치적·종교적 의견의 자유에 대한 존중"[5]이 우선이어야 한다고 여겼다는 걸 이제는 안다. 특히나 종교에서는.

종교 앞에 겸손할 것. 그리하여 존중할 것. 옳다 그르다 판단은 내 몫이 아니라는 걸 알기. 똘레랑스 정신을 추앙하는 나는 종교 역시 마찬가지라는 걸 이해하는 만큼에 서 있다. "존중하시오, 그리하여 존중하게 하시오."[6] 대접받고 싶은 대로 대접하라는 말의 확장판, 내 안의 생각들에

---

5) 홍세화, 『나는 빠리의 택시운전사』, 창비, 2007년, 349쪽.
6) 위의 책, 349쪽.

붙여주는 이름으로 삼는다. 온전히 문장화해 본 적 없는 심중의 그것, 내 삶의 가치관에 푯말을 걸어준다. 삶의 중심을 지켜가는 한 생각 역시 하나의 종교와 다를 바 없음을 생각한다. 모든 마주침에 겸허하기, 작은 친절 너머 '존중'의 태도로 타자를 대하고 나를 대하기. 똘레랑스7)의 첫 번째 뜻을 마음에 새긴다.

 아껴주는 지인께서 성당으로 이끌곤 하신다. 난 아직 대답을 하지 못했다. 교리 문답에서 되돌아선 날, 그렇게 멀어진 날이 아쉽기도 하지만 자신이 없다. 집 근처 교회에 초대한 산책길 어르신의 청에도 응했다. 부흥 주간의 단발성 예배였다. 겉보기보다 화사한 예배실은 예전과는 사뭇 다른 풍경이었다. 어색하고 한편 신선했다. 108배를 연습한 이후 산사에 갈 때면 대웅전에 들어 삼배를 올린다. 불교 신자 아니라고 물러서지 않는다. 짧은 기도에 굳이 벽을 나누지 않기로 했다. 교리 예배를 그만두고서도 한동안 묵주기도를 했다. 마음을 모으는 행위, 그것에 목적이 있으며 정화수 떠 놓고 올리는 기도를 염두에 둔 몸짓이다. 본질이 아닌 외피, 외면을 먼저 생각하는 사람이

---

7) 같은 책, '다른 사람이 생각하고 행동하는 방식의 자유 및 다른 사람의 정치적. 종교적 의견의 자유에 대한 존중'

라는 방증일까. 사실 난 여전히 고즈넉한 성당과 고요한 산사에 끌리곤 한다.

할머니의 대숲과 엄마의 초파일 기도 그리고 친구들의 종교를 나란히 바라본다. 갈맷길 언저리에서 만나는 용왕신께 드리는 제상 역시 마찬가지다. 간절함으로 하나 된 기원임을 안다. 108배로 열던 아침 또한 나의 기도라는 걸 알아챈다. 호흡을 가다듬고 흉내 내는 명상도 나만의 기도다. 종교를 찾아가던 시간은 서툴렀지만 한 세계를 가슴에 품고 살아가는 것 또한 이미 하나의 종교가 아닐까. 당신을 존중함으로 나를 존중하기를 꿈꾼다. 신앙인으로 살아가지 않더라도 내 안의 중심을 다듬고 또 다듬는 길 위에서 우리의 세계는 단단해질 것을 믿는다. 참, 장자莊子가 무척 끌리는 요즘이다. 지금 나는 꿈을 꾸는 중일까. 모든 종교는 하나라는 꿈 말이다.

경전 한 잎, 바람 한 칸

1판 1쇄 · 2024년 7월 10일

엮은이 · 백년어서원
펴낸이 · 서정원
펴낸곳 · 도서출판 전망
주   소 · 부산광역시 중구 해관로 55(중앙동 3가) 우편번호 · 48931
전   화 · 051-466-2006
팩   스 · 051-441-4445
출판 등록 제1992-000005호
ⓒ 백년어서원 KOREA
값 14,000원

ISBN 978-89-7973-628-1
w441@chol.com

*저자와의 협의에 의해 인지를 생략합니다.
*이 책 내용의 전부 또는 일부를 재사용하시려면 저작권자와 도서출판 전망 양측의 동의를 받아야 합니다.

*본 도서는 2024년 부산광역시, 부산문화재단 〈부산문화예술지원사업〉으로 지원을 받았습니다.